Reise durch

GROSSBRITANNIEN

Bilder von
Tina und Horst Herzig

Texte von
Georg Schwikart

Stürtz

Erste Seite:
Die roten „Routemaster"-
Doppeldeckerbusse ver-
kehren heute noch auf den

Linien 9 und 15, den
„Routemaster Heritage
Routes" in London.

Vorherige Seite:
Die Londoner Tower Bridge
im Lichterglanz. Hier
präsentiert sich eine der

berühmtesten Brücken
der Welt frisch gereinigt
und lackiert.

Unten:
Frühling in Brighton, dem
größten und bekanntesten
Seebad in England. Der

exotische „Royal Pavillon"
wurde 1815 bis 1822 nach
dem Vorbild indischer
Paläste erbaut.

Seite 10/11:
Die gotische Westminster
Abbey in London ist die
Krönungskirche und Grab-
lege der britischen Könige.

Hier ruhen auch bedeu-
tende Persönlichkeiten
wie Charles Darwin,
Georg Friedrich Händel
oder Isaac Newton.

Inhalt

„Changing of the Guard" – Wachablösung am Buckingham Palace in London. Dazu musiziert eine Militärkapelle. Für jeden Geschmack ist etwas dabei, vom traditionellen Marsch bis zum Popsong.

Glücklich ist England! Mir genügte leicht, / Nur dies ihm eigne edle Grün zu sehn", schwärmte der englische Dichter John Keats vor zweihundert Jahren. Großbritannien, da denkt man unwillkürlich an grüne Landschaften. Vor dem inneren Auge öffnet sich aber auch ein buntes Kaleidoskop aus Teatime und Rolls Royce, Beatles und Schottenrock, Linksverkehr und Orangenmarmelade, aus James Bond und Mister Bean, roten Doppeldeckerbussen, vor denen man brav in der Schlange steht, und ebenso farbigen Telefonzellen; nicht zu vergessen die Waschbecken ohne Mischbatterien, sondern mit zwei getrennten Hähnen für heißes und kaltes Wasser.

Über allem aber thront die Queen! Großbritannien hat eine lange demokratische Tradition, hält aber leidenschaftlich an der (parlamentarisch-konstitutionellen) Monarchie fest. Die Geschicke der Royals bewegen die Nation, die Königin – eine Institution. Der Tod ihrer Schwiegertochter Diana schmerzte das Volk, die Geburt ihrer Urenkel hingegen erfreut das Land. „Very british" ist auch das Wetter: feucht und unbeständig, das Lieblingsthema der Briten. Regen, Nebel oder wenigstens ein bewölkter Himmel sind der Normalzustand. Durch den Golfstrom wird es aber nie richtig kalt; Schnee fällt eigentlich nur in Schottland. Vielleicht hat das Klima Ephraim Kishon veranlasst zu behaupten: „Das größte Geheimnis der Engländer ist, warum sie nicht auswandern."

Doch Obacht, zwar sind die meisten Briten Engländer (84 Prozent), aber zum „Vereinigten Königreich Großbritannien und Nordirland" – so der offizielle Name des Staates – zählen ebenso mehr als fünf Millionen Schotten (acht Prozent), drei Millionen Waliser (fast fünf Prozent) und zwei Millionen Einwohner Nordirlands (weniger als drei Prozent). Sie alle legen Wert auf ihre kulturelle Eigenständigkeit, sind jedoch allesamt stolze Briten und haben sich mehr oder weniger (also eher weniger) daran gewöhnt, von den meisten Menschen außerhalb Großbritanniens allesamt als „Engländer" bezeichnet zu werden.

Mit Schirm, Charme und Melone

„Mit Schirm, Charme und Melone" – der Kontinentaleuropäer betrachtet sie mit Respekt, schätzt die Gelassenheit und den (schwarzen)

Humor der Inselbewohner, auch ihre Unangepasstheit. Ihre Höflichkeit – „die feine englische Art" – gilt als legendär, selbst Missfallensbekundungen klingen freundlich. Mögen sie bisweilen etwas steif erscheinen – die Briten begeistern sich für Sport, da gehen sie aus sich heraus: An erster Stelle steht der Fußball, doch sie lieben auch typisch britische Arten wie Cricket, Rugby oder Pferderennen. Als „Wiege des Golfspiels" gilt Schottland, das angesehenste Tennisturnier findet in Wimbledon statt. Britisches Traditionsbewusstsein kann dagegen durchaus seltsam wirken: „So sind sie nun, Britanniens Kinder, alle: Trifft man aufs Haar nicht den gewohnten Brauch, so weisen sie's zurück und lächeln vornehm", befand bereits Franz Grillparzer. Novalis drückte es poetischer aus: „Jeder Engländer ist eine Insel." Und Konrad Adenauer attestierte den Angelsachsen „Sinn für Maß und die Abneigung gegen theoretische Spekulationen", auch pries er den „sittlichen Wert ihrer Rechtsordnung".

Das Vereinigte Königreich besteht aus der Hauptinsel Großbritannien und etwa einem Sechstel der Insel Irland. Dazu gehören fast tausend kleine Inseln um die Hauptinsel, wie zum Beispiel die schottischen Inseln. Die Kanalinseln und die Isle of Man haben einen speziellen Status – sie unterstehen der Krone, gehören aber nicht zu Großbritannien. Die britische Gesamtfläche beträgt rund 250 000 Quadratkilometer. Sanfte Hügellandschaften im Süden und Westen, schroffe Gebirge in Schottland und Wales, die Ebenen der Midlands und malerische Küstenabschnitte prägen die Insel, auf der rund 64 Millionen Einwohner und 30 Millionen Schafe leben. Neben der Metropole London finden sich hier beschauliche Dörfer und Landschaften ebenso wie dicht besiedelte Industriestädte wie Birmingham, Manchester oder Liverpool. Eine Reise durch Großbritannien kann von der frühgeschichtlichen Anlage über die römischen Ausgrabungen in Bath und die Barockbauten von Christopher Wren bis zu den futuristischen Hochhäusern in Londons Bankenviertel führen – und immer wieder zum Meer (12 000 Kilometer Küste!), wo Badestrände und Steilklippen locken. Burgen und Kathedralen, Herrenhäuser und Parks bietet dieses vielseitige Land – und reichlich Kultur: alte und moderne Kunst, klassische und Pop-Musik, Literatur, Kino und Theater. Die britische Welt ist ein eigenes Universum!

Steinsetzungen und Hünengräber

Erst vor rund 8500 Jahren bildet sich der Kanal, der das heutige Großbritannien von Europa trennt. Sammler und Jäger vom Kontinent siedeln sich vor 6000 Jahren im Süden an. Aus dieser Frühzeit stammen einige eindrucksvolle Steinsetzungen und die Hünengräber bei Bodmin und Penwith. Das berühmteste Monument ist zweifellos Stonehenge, um 2000 vor der Zeitenwende errichtet. Dort fällt zur Sommersonnenwende das Licht der aufgehenden Sonne auf den „Altarstein" im Mittelpunkt der wichtigsten Ritualstätte Englands. Die Anlage besteht aus zwei hufeisenförmigen Steinsetzungen, die von zwei konzentrischen Steinkreisen umgeben werden. Von den etwa vier Meter hoch aufragenden, säulenartigen Tonsandstein-Vierkantblöcken der einstigen Anlage stehen nur noch wenige. Einst waren sie umgeben von einem Kreisgraben mit 114 Metern Durchmesser. Bewundernswert ist bis heute, wie man in der Jungsteinzeit die tonnenschweren Steine an diesen Ort beförderte; manche stammen aus einem 30 Kilometer entfernten Steinbruch, andere mussten über 300 Kilometer Entfernung herangeschafft werden. Die Datierung der verschiedenen Bauabschnitte weicht bei den Fachleuten ab: Manche wähnen ihren Baubeginn um 3000, andere erst um 1900 v. Chr. Jedenfalls erweiterte sich die Anlage im Lauf der Jahrhunderte.

Entscheidender aber ist die Frage nach dem Zweck: Mit Sicherheit diente Stonehenge als Instrument zur Bestimmung des Kalenders von Saat- und Erntezeiten, vielleicht auch von Sonnen- und Mondfinsternissen. Wahrscheinlich ist auch, dass die Gestirne damals nicht rein wissenschaftlich beobachtet wurden, sondern Verehrung genossen. Doch vollzog man in Stonehenge religiöse Rituale? Sicher belegen lässt sich das nicht. Zwar zeigen etwa 350 Hügelgräber, dass hier ein Totenkult praktiziert wurde, und kostbare Grabbeigaben lassen wiederum auf eine Jenseitsvorstellung schließen. Vielleicht verstand man die Tore des Steinkreises als Eingang zur Unterwelt. Eindeutig widerlegt ist jedenfalls die Vorstellung, Stonehenge habe den Druiden als Tempel gedient und auf dem sogenannten Altarstein in der Mitte sei das Blut von Opfertieren oder gar Menschenopfern geflossen. Stonehenge stammt aus einer vorkeltischen Epoche. Das hindert den modernen Druidenorden (im 19. Jahrhundert gegründet), nicht daran, wie die unbekannten Vorfahren alljährlich am 21. Juni in diesem antiken Ambiente eine Zeremonie abzuhalten.

Weißland „Albion"

Auf der Insel landen Seefahrer aus allen Himmelsrichtungen an. Manche bleiben und sorgen für eine Vermischung des Erbguts und der Kulturen. Ab 1800 v. Chr. erreichen die Kelten die britische Insel und nennen sie „Albion", das „Weißland". Wahrscheinlich stammt diese

Bezeichnung von den Kreidefelsen bei Dover, also vom ersten Eindruck, den der Kontinentaleuropäer gewinnt, wenn er sich der Insel über den Ärmelkanal nähert. Die Kelten bauen Ringwälle und Wehrdörfer. Die keltischen Stämme wehren sich heftig, als der römische Feldherr Caesar in den Jahren 55 und 54 v. Chr. – nach der Eroberung Galliens – zwei Invasionen in Britannien durchführt, die letztlich scheitern. Kaum mehr als ein paar Kaufleute wagen von Gallien aus die Überquerung des Ärmelkanals. Erst zur Zeit des Kaisers Claudius gelingt den Römern im Jahr 43 nach der Zeitenwende die Eroberung Britanniens. Im Jahr 47 gründen sie das Lager Londinium, verkehrsgünstig am Lauf der Themse gelegen, mit direkter Verbindung zum Meer. Die Römer errichten Lager, Heerstraßen und Befestigungsanlagen. Um Unruhen aus dem Norden abwehren zu können, wird von 120 bis 128 ein starker Grenzwall gegen Schottland gebaut, der Hadrianswall.

König Artus

Um 410 verlassen die letzten römischen Truppen Britannien. Seither dringen nach und nach Sachsen, Angeln und Jüten ins Land und drängen die keltischen Stämme in den Südwesten ab. Der sagenumwobene König Artus führt im 5. Jahrhundert die Kelten im Kampf gegen die germanischen Eindringlinge an. Er soll auf der kornischen Burg Tintagel Castle gezeugt worden sein. Das ist zwar historisch nicht haltbar, da die Burganlage nachweislich erst aus dem 12. Jahrhundert stammt. Dem Mythos schadet das aber nicht; Artus lebt, man begegnet ihm hier auf Schritt und Tritt. Und sein Schwert Excalibur soll nach seinem Tod im Dozmary Pool bei Bodmin versenkt worden sein, dem See, der in die Unterwelt führt.

Die nächsten Jahrhunderte sind von kriegerischen Auseinandersetzungen geprägt; es entstehen Kleinkönigreiche wie Sussex, Essex, Kent oder Northumbrien. 825 gelingt es König Egbert von Wessex benachbarte Kleinreiche unter seiner Krone zu vereinigen. Immer wieder fallen die Wikinger ein. Als 865 die Dänen das Land erobern wollen, kann sich Egberts Reich gegen die Invasion behaupten. Aber der Däne Knut der Große erzwingt seine Wahl zum König von ganz England. 1066 marschiert Wilhelm der Eroberer, Herzog der Normandie, in Britannien ein und schlägt in der Schlacht von Hastings König Harald II. Der Legende nach

Uferpromenade in Cromer an der Nordküste der Grafschaft Norfolk. Das Küstenstädtchen wurde seit dem frühen 19. Jahrhundert als Urlaubsort geschätzt. Heute gibt es hier nur noch wenige Fischer.

tötet ihn ein Pfeil durchs Auge. Wilhelm regiert über England und Schottland. Er ändert das bestehende Klassensystem radikal und führt Französisch als offizielle Landessprache ein. Allmählich verschmelzen die Kulturen der Angelsachsen und der Normannen, eine englische Nation entsteht. Seit 1066 ist die Insel nicht mehr von außen erobert worden. Doch die Pest erreicht England im Jahr 1348 und breitet sich schnell bis Wales und Schottland aus; der Schwarze Tod dezimiert die Einwohnerzahl bis Ende 1350 um ein Drittel. Bis ins 17. Jahrhundert hinein flammt die Pest immer wieder auf; das fügt der Wirtschaft des Landes großen Schaden zu.

Union Jack

Ein einschneidender Herrschaftswechsel findet im 15. Jahrhundert statt, die Ära der Stuarts beginnt. 1485 erobert Henry Tudor das Land, besiegt Richard III. und reißt die Herrschaft an sich. Er heiratet Elizabeth of York, Tochter von Edward IV. Als fünftes Mitglied der Tudor-Dynastie auf dem englischen Thron stirbt Elizabeth I., ohne einen Erben hinterlassen zu haben. So wird König James VI. von Schottland (Sohn von Maria Stuart) als James I. König von England, was ihn zum ersten König Großbritanniens macht. Die britische Flagge, der „Union Jack", drückt das durch die beiden miteinander verbundenen Kreuze aus: das schottische Andreaskreuz und das englische Georgskreuz.

Mit König Heinrich VIII. verbindet sich eine interessante Episode der Religionsgeschichte: die Gründung der Anglikanischen Kirche. Er gilt ursprünglich als ein überzeugter Verfechter der katholischen Lehre. Der Papst hat ihm gar den Titel „Fidei Defensor" verliehen, „Verteidiger des Glaubens", da der König sich in einer Schrift gegen die Reformation gewandt hat. Die Ursache der Trennung von Rom ist zunächst privater Natur: Nach achtzehn Jahren Ehe mit Katharina von Aragon hatte diese dem Königshaus nicht den nötigen männlichen Erben geboren. Papst Clemens VII. erwägt die Möglichkeit einer Doppelehe, die Heinrich jedoch nicht mit seinem Gewissen vereinbaren kann. Er will die Ehe mit Katharina lieber auflösen lassen, doch der Papst weigert sich, sie für nichtig zu erklären.

Als Heinrichs Geliebte Anne Boleyn schwanger wird, lässt Heinrich seine Ehe mit Katharina selbst annullieren, heiratet Anne – die er

übrigens bald nach der Heirat wegen Untreue hinrichten lässt, um danach noch viermal zu heiraten – und wird prompt vom Papst exkommuniziert. Daraufhin gründet der König im März 1534 die Kirche von England, deren Vorsitzender er selbst wird. Heinrich lässt durch das Parlament die Trennung der englischen Kirche von Rom besiegeln. Die meisten Geistlichen unterstützen ihren Monarchen. Gegner werden entlassen, im Extremfall hingerichtet, wie John Fisher, der Bischof von Rochester, oder der Lordkanzler des Königs, Thomas More. Den Kirchenbesitz erklärt der König zu Staatseigentum.

Später nähert sich die Kirche von England theologisch der deutschen Reformation an: Jede Gemeinde soll über eine englischsprachige Bibel verfügen, den Priestern wird die Heirat erlaubt, das Abendmahl auch Laien in Form von Brot und Wein gereicht. Die Siebenzahl der Sakramente wie auch die Hierarchie des Klerus behält man bei, sodass von der anglikanischen Kirche manchmal als einer katholisch-protestantischen Synthese gesprochen wird. Der König oder die Königin von England ist seither und bis heute weltliches Oberhaupt der anglikanischen Kirche.

Mit der Zerschlagung der spanischen Armada 1588 festigt sich die britische Vorrangstellung als Seemacht. Der Bürgerkrieg 1642 erschüttert das Land mit Terror. Aus den besetzten Territorien Schottland und Wales werden gleichberechtigte Teile des Vereinigten Königreiches. 1815 ist Großbritannien die führende Handelsnation der Welt.

Königin Victoria

Die am längsten herrschende britische Monarchin ist Königin Victoria: Achtzehnjährig besteigt sie 1837 den Thron, den sie erst im Jahr 1901 durch ihren Tod wieder freigibt. Nach ihr ist das Viktorianische Zeitalter benannt, eine Ära tiefgreifender Veränderungen in der britischen Gesellschaft. Die industrielle Revolution im Bergbau und Maschinenwesen lässt zwar die Wirtschaft florieren, führt aber zur Bildung des Proletariats, also zur Verarmung breiter Bevölkerungsschichten. Großbritannien entwickelt sich zur stärksten Kolonialmacht mit zahlreichen Kolonien weltweit – dazu gehören Dutzende Länder in allen Erdteilen. Britische Kolonien und Protektorate bedecken im ausgehenden 19. Jahrhundert fast ein Viertel der Landfläche der Erde. Weil Englisch die Kolonialsprache ist, entwickelt sich diese Sprache zur Weltsprache Nummer eins. Bis heute gehören zu Großbritannien 14 Überseegebiete; der britische Monarch ist Staatsoberhaupt von 15 weiteren Ländern.

Im Ersten Weltkrieg kämpft Großbritannien an der Seite Frankreichs und Russlands gegen Deutschland. 1921 wird Nordirland Teil des Vereinigten Königreiches. Auch im Zweiten Weltkrieg gehört Großbritannien zu den Alliierten. Im August 1940 startet Deutschland seine Invasion, die Luftschlacht um England. Ziele sind zunächst die Rüstungsindustrie, Stützpunkte der Royal Air Force und britische Flottenverbände im Süden. Als „The Blitz" bezeichnen die Briten die Bombardierung Londons. Neben der Hauptstadt werden weitere Industriestädte angegriffen, etwa Coventry, dessen Kathedrale zerstört wird. In dieser Zeit nutzen die Londoner die Tunnel der U-Bahn als Bombenschutzkeller. Dort hält die Regierung sogar Kriegskabinetts-Sitzungen ab.

Nach dem Krieg gehört Großbritannien zu den Gründungsmitgliedern der Vereinten Nationen (dort als ständiges Mitglied im Sicherheitsrat) und der NATO. In der zweiten Hälfte des 20. Jahrhunderts löst sich das Empire auf, die Kolonien werden selbstständige Staaten. Das Vereinigte Königreich entwickelt sich zu einer modernen und erfolgreichen europäischen Nation. Der Europäischen Union, damals Europäische Gemeinschaft genannt, tritt Großbritannien 1973 bei. Die Währung „Euro" hat das Land nicht eingeführt, es bleibt seinem Pfund treu. Die politische Orientierung zur USA hin kommentierte der französische Politiker Jacques Baumel einmal so: „Für Großbritannien ist der Ärmelkanal immer noch breiter als der Atlantik."

Die Kontinentaleuropäer sind den Briten in manchem fremd. Doch große Gegensätze prägen auch Engländer und Schotten, obwohl sie sich die Insel und eine jahrhundertelange Geschichte teilen. Um die Vorherrschaft ringen sie ebenso lang miteinander: England setzt sich gegen Schottland durch. Die 1934 gegründete Scottish National Party (SNP) bemüht sich von Anfang an um die Souveränität Schottlands. Bereits 1979 lässt die britische Regierung die Schotten über die Unabhängigkeit des Landes abstimmen. Doch dafür gibt es beim Referendum keine Mehrheit. 1997 wird der Schotte Tony Blair britischer Premierminister (von dem übrigens das schöne Bonmot stammt: „Die Briten wollen nicht die Größten sein, aber die Besten"). Er setzt ein Wahlversprechen in die Tat um und lässt die Schotten über eine Teilautonomie ihres Landes abstimmen. Fast 75 Prozent sprechen sich dafür aus. So finden

Die spätgotische Kirche St Pancras in Widecombe-in-the-Moor wird ihrer Größe wegen als „Kathedrale des Moors" bezeichnet. Das Dorf Widecombe liegt inmitten des Dartmoor-Nationalparks.

1999 die ersten Wahlen zum wieder eingerichteten Parlament in Edinburgh statt. Im Herbst 2014 sind die Schotten erneut aufgerufen, über die Unabhängigkeit ihres Landesteils zu entscheiden. Sollte sich Schottland zum souveränen Staat entwickeln, hat das gravierende Auswirkungen auf Großbritannien.

Nicht nur Fish & Chips

Die britische Küche pflegt natürlich ihre regionalen Eigenheiten. Überall zu haben ist aber das typischste Gericht: Fish & Chips, Kabeljau (Cod) oder Schellfisch (Haddock) in Panade, dazu etwas dickere und weichere Pommes frites, die man gern in Essig tunkt. Traditionell isst man auch gern Roastbeef mit Yorkshire Pudding, einem pikanten Pfannkuchen, oder „Bangers and Mash", Würstchen mit Zwiebeln und Kartoffelbrei. Doch seit der „kulinarischen Revolution" der 1980er-Jahre, welche die Speisekarte der Insel international erweiterte, hat die ganze Küche aufgeholt: „Modern British" setzt auf Gemüse, Salat und zartes Fleisch. Selbst im einfachen Pub kann man Glück haben und exzellente Kost aufgetischt bekommen, zum Beispiel „Meat Pies" mit Rind- oder Lammfleisch, oder aber in vegetarischer Variante. Dazu munden verschiedene Sorten Bier, vom pilsähnlichen Lager („Ale") bis zum obergärigen Bitter („Stout").

In Schottland setzt man auf Grundnahrungsmittel, die das raue Klima gedeihen lässt, vor allem den Hafer. Porridge (Haferbrei) war früher einmal die tägliche Nahrung der einfachen Bevölkerung. Er wird mit einer Prise Salz genossen – mit Zucker würden ihn nur die verweichlichten Engländer zu sich nehmen, behauptet man gern. Die Engländer wiederum kontern: Hafer bekämen in England die Pferde zu fressen. Worauf die Schotten erwidern, deswegen gebe es ja in England die besten Pferde und in Schottland die besten Männer der Welt. Noch heute isst man Porridge gerne morgens, er wirkt beruhigend auf den Magen. Ansonsten gleicht das traditionelle schottische dem englischen Frühstück: Dazu werden Spiegel- oder Rühreier verzehrt, Würstchen oder Speck, gedünstete Tomaten oder weiße Bohnen.

Zur Hauptmahlzeit werden Steaks von Hochlandrindern oder Roastbeef serviert, auch schätzen die Schotten wie die Engländer Lamm in Minzsoße. Dass in einem Inselland viel Meeresgetier gegessen wird, verwundert kaum:

Lachs und Forelle sind überall zu bekommen, auch Seezunge, Krabben, Langusten und Hummer. Probierenswert ist Fisch mit „Highland Sauce" aus Rotwein, Essig, Anchovis, Meerrettich, Zwiebeln und Muskat.

Schottische Spezialität

Als einfache, doch typische Gerichte sind „Scotch Broth" (Graupensuppe mit Hammelfleisch) und „Cock-a-Leekie" (Hühnersuppe mit Lauch) zu nennen. Absolute Besonderheit der schottischen Kochkunst stellt jedoch Haggis dar. Fragt der unbedarfte Fremde, was dieses fleischige Etwas sei, so bekommt er manchmal die augenzwinkernde Antwort, das Haggis sei ein scheues, im Hochland lebendes Tier mit kleinem Kopf, und sein Fell ähnle farblich dem Heidekraut. Die Inhalte des Haggis bilden Innereien vom Lamm, Hafermehl, Zwiebeln und pikante Gewürze. Das Ganze wird in einem Hammelmagen gekocht und dann mit gestampften Kartoffeln und weißen Rüben auf den Tisch gebracht. Nach Haggis muss man, zu allen anderen Angelegenheiten kann man einen Whisky trinken.

Großbritannien ist ein klassisches Einwandererland. Im 19. Jahrhundert kamen Iren und Polen auf die Insel, in der zweiten Hälfte des 20. Jahrhunderts Migranten aus den ehemaligen Kolonien, beispielsweise aus Indien, Pakistan, Bangladesch, China oder Jamaika. So entstand eine multikulturelle Gesellschaft, die wiederum die englische Küche bereicherte.

Der weltberühmte Schriftsteller William Shakespeare (1564–1616) besang sein Heimatland einst hymnisch – und man weiß nicht, ob er dabei mit dem Auge zwinkerte: „Ein Königsthron hier, dies gekrönte Eiland, dies Land der Majestät, der Sitz des Mars, dies zweite Eden, halbe Paradies, dies Bollwerk, das Natur für sich erbaut, der Ansteckung und Hand des Krieges zu trotzen, dies Volk des Segens, diese kleine Welt, dies Kleinod, in die Silbersee gefasst, die ihr den Dienst von einer Mauer leistet, von einem Graben, der das Haus verteidigt vor weniger beglückter Länder Neid, der segensvolle Fleck, dies Reich!"

Seite 22/23:
Das Küstenstädtchen St Ives in Cornwall ist seit 150 Jahren ein beliebter Ausflugsort, insbesondere wegen seiner schönen Strände. In den Romanen von Rosamunde Pilcher heißt es „Porthkerris".

Seite 24/25:
Abendstimmung an der Themse mit den Houses of Parliament in London. Links der fast hundert Meter hohe Victoria Tower, rechts mit beleuchtetem Zifferblatt der Uhrturm.

Wildromantische Buchten und alte Städte – England

Arundel Castle in West Sussex zählt zu den best-erhaltenen Schlössern des Mittelalters. Im Vordergrund stehen Gebäude im Tudorstil an der Ecke High Street / Mill Lane in der Ortschaft Arundel.

In Schottland leben durchschnittlich 68 Menschen pro Quadratkilometer – 410 sind es in England: 53 Millionen in 39 historischen Grafschaften („counties"), wie zum Beispiel Cornwall, dem südwestlichsten Zipfel der Insel, an dessen wildromantischen Buchten und Küsten die Romane von Rosamunde Pilcher spielen. Oder die Grafschaft Kent im Südosten, wegen ihrer zahlreichen Parks auch der „Garten Englands" genannt.

Allein 16 Prozent der Engländer leben im politischen, wirtschaftlichen und kulturellen Zentrum ganz Großbritanniens, der Hauptstadt: London, eine Stadt der Superlative, war einmal die größte Stadt der Welt, zählt heute mit rund 8,3 Millionen Einwohnern immer noch zu den internationalen Megacitys und überflügelt alle anderen Städte Westeuropas. London verfügt über das höchste Riesenrad Europas, das „London Eye", und die älteste U-Bahn weltweit. Hier erwarten den Besucher Highlights wie Westminster Abbey, Houses of Parliament mit Big Ben, Buckingham Palace und Tower, Piccadilly und Madame Tussauds, dazu zahlreiche Museen von Weltrang. London verfügt über eine ganz besondere Mischung von Traditionsverbundenheit und Modernität. Hier werden Trends gesetzt in den Bereichen Kunst, Musik, Architektur, Mode, Medien und Lebensart.

Britischen Charme atmen alte Städte wie Winchester, Salisbury oder York und natürlich die rivalisierenden Universitätsstädte Oxford und Cambridge. Die Vielfältigkeit britischer Lebenskultur kann man in Windsor Castle ebenso erkunden wie im quirligen Seebad Brighton. Für manche besteht das aufregendste Erlebnis in einer Tour durch die Studios in Leavesden, wo die Harry-Potter-Filme gedreht wurden.

Links:
Fast am Ende der Welt: Land's End, in der Nähe von Penzance in Cornwall gelegen, ist der westlichste Punkt Englands. Der Ozean hat die Klippen zu bizarren Gebilden geformt.

Unten:
Wassertreten am Strand bei St Michael's Mount in der Penzance Bay, Cornwall. Er ist kleiner und weit weniger berühmt als sein Pendant in der Normandie, der Mont-Saint-Michel, dafür aber auch nicht so überlaufen.

Ganz unten:
Hoch über diesen Klippen gedeiht Kultur, nämlich im Minack Theatre bei Porthcurno. Es wurde ab 1930 in einen Felsenabhang direkt an der See gebaut. Jeden Winter wurde daran gearbeitet, und im Sommer gespielt, oft Werke von Shakespeare.

Rechts:
Looe liegt zu beiden Seiten des gleichnamigen Flusses an den steilen Hängen des Flusstals. Hier gibt es noch immer einige Fischer, deren Fang in den Restaurants frisch auf den Tisch kommt.

Unten:
Schon im 19. Jahrhundert war Torquay, die „Hauptstadt der Englischen Riviera", ein Erholungsort und berühmt für sein mildes Klima. Palmen und Blumen zieren die Uferpromenade. Das Riesenrad wurde für die Olympischen Sommerspiele 2012 hier aufgestellt.

Oben:
*Das malerische Fischer-
städtchen Polperro liegt
an der Südküste Cornwalls.
Während des Zweiten
Weltkriegs zog sich Oskar
Kokoschka in diesen Ort
zurück, um den Angriffen
der deutschen Luftwaffe
auf London zu entkommen.*

Links:
*Im Hafen von Mevagissey,
einem Fischerstädtchen an
der Südküste Cornwalls.
Bei Ebbe liegen die Boote
im Schlamm fest. Der Unter-
schied zwischen Hoch-
und Niedrigwasser beträgt
hier etwa drei Meter.*

Oben:
Der Badeort Bude liegt an der Nordküste Cornwalls nahe der Grenze zur Grafschaft Devon. Die ausgedehnten Sandstrände und die Nähe zu den Stätten der Artus-Verehrung machten Bude seit dem Ende des 19. Jahrhunderts zu einem beliebten Ferienziel.

Rechts:
Das alte Postamt von Tintagel. Das Häuschen stammt aus dem 14. Jahrhundert. Seit Anfang des 20. Jahrhunderts baute man den Ort zur König-Artus-Kultstätte aus, um den Anforderungen des Tourismus gerecht zu werden.

Oben:
Lanhydrock House war bis 1539 ein klösterliches Land-gut. Ab 1621 wurde es zum Herrenhaus ausgebaut. Daneben (in der Bildmitte) steht die Gemeindekirche des Orts, die aus der Mitte des 15. Jahrhunderts stammt und dem Heiligen Hydroc (Sanctus Ydroc) geweiht ist.

Links:
Einzelne Schauräume in Lanhydrock House wurden schon 1954 der Öffentlich-keit zugänglich gemacht. Haus und Garten waren Drehorte für die Rosamun-de-Pilcher-Verfilmungen „Klippen der Liebe" und „Im Zweifel für die Liebe".

BLÜTENMEERE UND SELTENE BAUMARTEN – ENGLISCHE GARTENBAUKUNST

Durch das mildere Klima finden sich vor allem im Süden Großbritanniens herrliche Parks – doch im ganzen Königreich müht man sich, schöne Gärten anzulegen. „Die Liebe zum Gärtnern ist eine Saat, die, einmal gesät, niemals stirbt", lautet die Erfahrung der englischen Gartengestalterin Gertrude Jekyll (1843–1932). Das können viele ihrer Landsleute bestätigen; für sie ist die Gartenpflege eine Leidenschaft, in die sie viel Zeit und Geld investieren.

Die Lanhydrock Gardens in der Nähe von Bodmin sind ein Höhepunkt der formalen Gartenbaukunst. Im Jahr 1690 legte man neben dem Haus den ersten geometrischen Garten an. Der Gartenbereich hinter dem Tor wurde ab 1933 mit verschiedensten Arten von Magnolien bepflanzt, die heute eine Höhe bis zu fünfundzwanzig Metern erreichen. Der in Terrassen angelegte, verspielte Ziergarten demonstriert eindrucksvoll die Vorliebe des viktorianischen Zeitalters für Blütenmeere inmitten der seltenen Baumarten des umliegenden Parks.

Überall im Südwesten Englands findet man kleine, liebevoll angelegte Cottagegärten, herrschaftliche Parkanlagen und atemberaubende Landschaftsgärten. Caerhays Castle Garden, „The Lost Gardens of Heligan" oder Tresco Abbey Gardens – jeder lohnt einen Besuch. Sehenswert ist natürlich einer der berühmtesten Gärten von Gertrude Jekyll: Hestercombe Gardens in der Grafschaft Somerset.

Vor der Industrialisierung ab dem 18. Jahrhundert bedeckte überwiegend Wald den Süden Englands. In der Hafenstadt Falmouth an der Südküste Cornwalls kamen die verschiedensten Pflanzen und Samen aus den Kolonien des Empire an. So gelangten bis dahin unbekannte Gewächse auf die Insel, die in Cornwall mit seinem maritimen, niederschlagsreichen Klima mit milden Wintern gedeihen konnten, zum Beispiel Rhododendron, Kamelien, Magnolien oder Palmen. Wer es sich leisten konnte, legte einen Garten mit exotischen Pflanzen an.

Damals entstand auch eine neue Gartenbauphilosophie, die des „Englischen Gartens". Dieser unterscheidet sich vom französischen Vorbild, das die Blumen, Sträucher und Bäume in geometrischen Formen anlegte. Der Englische Garten schafft Raum für die Natürlichkeit der Pflanzen – und ist doch ein durchgeplantes Kunstwerk, das oft durch künstliche Pagoden, Ruinen, Tempel oder Grotten angereichert wurde. Hervorragende Beispiele sind die Englischen Gärten Claremont House in der Grafschaft Surrey, Stowe House nordöstlich von Oxford, die Anlage in Chiswick bei London oder Stourhead bei Stourton in Wiltshire.

Eden Project

Einen ganz neuen Ansatz verfolgt das 2001 eröffnete „Eden Project" bei Bodelva, etwa fünf Meilen nordöstlich von St Austell. Dieser botanische Garten entstand nach einer Idee des englischen Archäologen und Gartenliebhabers Tim Smit in einer stillgelegten Kaolingrube. Er ließ dort zwei riesige futuristische Gewächshäuser errichten, die aus jeweils vier miteinander verschnittenen geodätischen Kuppeln bestehen. In ihnen – den derzeit größten Gewächshäusern der Welt – werden verschiedene Vegetationszonen simuliert: Im größeren herrscht ein tropisch-feuchtes, im kleineren ein subtropisch-trockenes und mediterranes Klima. Ziel ist es, eine natürliche Umgebung nachzuahmen, um Pflanzen und auch einige Tierarten der ganzen Welt dort unterbringen zu können. Das Freigelände und die Gewächshäuser sollen circa hunderttausend Pflanzen aus etwa fünftausend Arten beherbergen, wobei es sich hauptsächlich um Nutzpflanzen aller Art handelt. Besonders wichtig ist dabei die Nachzucht vom Aussterben bedrohter seltener und alter Sorten. Die rund fünfzig Hektar große Anlage stellt eine bedeutende Sehenswürdigkeit im Süden Englands dar, die 2011 von über einer Million Menschen besucht wurde.

Die Vielzahl der Gartencenter in Großbritannien fällt auf, denn ob Reihen- oder Herrenhaus, wer es sich leisten kann, gestaltet seinen Garten schön. Nicht verwunderlich, fand schon der englische Philosoph Sir Francis Bacon (1561–1626) und notierte: „Als erstes hat Gott der Allmächtige einen Garten angelegt."

Links:
Im Garten von Coleton Fishacre in der Nähe von Kingswear gedeihen aufgrund des milden Golfstroms an diesem Teil der Küste zahlreiche exotische Pflanzen, wie dieser Farn.

Oben:
Stourhead House and Garden liegen in Wiltshire, etwa 180 Kilometer westsüdwestlich von London. Sie wurden nach dem Vorbild der venezianischen Villen des Andrea Palladio gestaltet. Am Westufer des zentral gelegenen Sees dominiert dieses „Pantheon".

Kleine Bilder rechts, von oben nach unten: Trelissick House in Feock bei Truro ist umgeben von 376 Hektar öffentlich zugänglicher Parklandschaft. In der Wärme des Golfstroms gedeihen subtropische und fernöstliche Gewächse.

The Courts Garden liegt in der Gemeinde Holt nordöstlich von Bradford-on-Avon in Wiltshire. Er ist ein Musterbeispiel für die englische Gartengestaltung im frühen 20. Jahrhundert. Auch ein Gemüsegarten gehört dazu.

Das elisabethanische Herrenhaus Trerice Manor liegt in der Nähe von Newquay an der Nordküste Cornwalls. Es stammt aus dem Jahr 1573 und ist umgeben von gepflegten Blumen- und Obstgärten.

Üppig grünt und blüht es in Trelissick Garden. Das Anwesen war Drehort der Pilcher-Verfilmungen „Ungezügelt ins Glück" und „Zeit der Erkenntnis".

Links:
Die traditionsreiche Hafenstadt Plymouth hat eine Viertelmillion Einwohner und ist die größte englische Stadt südlich von London. Blick auf den Plymouth Sound vom Hügel The Plymouth Hoe.

Unten:
Ein Wahrzeichen Plymouths ist Smeaton's Tower, ein ehemaliger Leuchtturm auf dem Hügel The Hoe. Der Marinestützpunkt Devonport im Westen der Stadt ist der größte Marinehafen Westeuropas.

Ganz unten:
Die Kleinstadt Brixham war schon im 11. Jahrhundert ein bedeutender Fischereihafen. Die Reihenhäuser mit Hafenblick stehen an der Berry Head Road. Im Hafen kann ein begehbarer Nachbau der „Golden Hinde" bewundert werden, des Flaggschiffs von Sir Francis Drake.

Rechts:
Ponys im Dartmoor in der Grafschaft Devon. Das gutmütige, robuste und ausdauernde Dartmoor-Pony gehört heute zu den vom Aussterben bedrohten Haustierrassen. Die Kinder des britischen Königshauses erlernen auf Dartmoor-Ponys das Reiten.

Unten:
Das Dorf Widecombe-in-the-Moor liegt inmitten des Dartmoor-Nationalparks. Überregional bekannt ist es durch den alljährlich stattfindenden Jahrmarkt Widecombe Fair.

Oben:
Blick über das Dartmoor.
„Wheal Betsy" im Vorder-
grund ist ein ehemaliges
Fördermaschinenhaus
am Rand des Dartmoors
zwischen Tavistock und
Okehampton. Solche
Maschinenhäuser sind
typisch für Zinn- oder
Kupferminen, aber in
dieser hier wurden Blei
und Silber gefördert.

Links:
Das Exmoor bei Porlock.
Seit Herbst 2011 ist der
Exmoor-Nationalpark ein
Lichtschutzgebiet; in
Lichtschutzgebieten wird
die nächtliche Dunkelheit
als schützenswertes Gut
angesehen.

Oben:
Der Clevedon Pier in der
gleichnamigen Stadt in
Somerset wurde 1869
eröffnet und ist eines der
frühesten Beispiele eines
viktorianischen Piers.
Diese hatten meist nicht
die Funktion eines Anlege-
stegs, sondern sollten
dem Vergnügen der Bade-
gäste dienen und waren
oft Standorte für Restau-
rants und Cafés.

Rechts:
Am Kiesstrand von Beer,
einem Ort direkt an der
Ärmelkanalküste zwischen
Exeter und Dorchester.
Küste und Klippen hier
wurden als erste Natur-
landschaft in England von
der UNESCO zum Welt-
naturerbe erklärt.

Links:
Viktorianisch verschnörkelt und verspielt präsentiert sich dieser Pavillon an der Uferpromenade von Brighton. Eisen hatte sich seit der Mitte des 19. Jahrhunderts seinen Platz als Baustoff in der Architektur erobert.

Unten:
Der Brighton Marina and Palace Pier (BMPP) wurde 1891 bis 1899 erbaut und im Mai 1899 eröffnet. Die Konstruktion verschlang damals die Rekordsumme von 27 000 Pfund. Er hat eine Länge von 533 Metern; der zentrale Pavillon ist von zahlreichen Lokalen und Vergnügungsstätten umgeben.

An der Dover Esplanade.
Trotz der Eröffnung des
Eurotunnels unter dem
Ärmelkanal 1994 ist Dover
immer noch einer der
wichtigsten Häfen an der
englischen Küste, und für
viele Gäste die erste
Station ihrer Reise auf den
Britischen Inseln.

Rechte Seite:
Oft sind sie das Erste, was
Besucher der britischen
Hauptinsel von ihrem
Reiseziel erblicken: die
weißen, bis zu 106 Meter
hohen Kreidefelsen von
Dover. Die Erosion frisst
unablässig an ihnen; pro
Jahr geht etwa ein Zenti-
meter der Felsen verloren.

Bath liegt am Fluss Avon
und wurde schon zur
Römerzeit wegen seiner
heißen Quellen geschätzt –
den einzigen in ganz
England. In der Bildmitte
die Pulteney Bridge,
erbaut von Robert Adam.
Sie ist eine von vier Brücken in Europa, die ganz
mit Läden bebaut sind.
Die anderen drei sind:
Ponte Vecchio, Florenz;
Krämerbrücke, Erfurt;
Rialtobrücke, Venedig.

Rechts:

*„Changing of the Guard" –
Wachablösung am
Buckingham Palace. Sie
findet von April bis Ende
Juli täglich um 11.30 Uhr
sowie das restliche Jahr
über alle zwei Tage statt.
Die ganze Zeremonie wird
auf dem Palastvorhof
abgehalten und dauert
etwa vierzig Minuten.*

Unten:

*Gardist vor dem Bucking-
ham Palace in London.
Die Grenadier Guards mit
ihren roten Uniformröcken
und ihren Bärenfellmützen
sind ein weltbekanntes
Symbol des Vereinigten
Königreichs.*

Oben:
Am Trafalgar Square in London. Links im Bild die National Gallery, eines der meistbesuchten Museen der Welt. Im Hintergrund die Kirche St Martin-in-the-Fields; ganz rechts vorne einer der vier von Sir Edwin Landseer geschaffenen Löwen zu Füßen der Nelson-Säule.

Rechts:
Drei Londoner Wahrzeichen: Die St Pauls Cathedral, eine der größten Kathedralen der Welt. Sie wurde nach 1666 anstelle des im Großen Brand von London zerstörten Vorgängerbaus errichtet. Davor ein „Heritage Routemaster"-Bus und eine der klassischen roten „telephone boxes".

Links:
Piccadilly Circus mit dem 1893 von Sir Alfred Gilbert geschaffenen Shaftesbury-Gedenkbrunnen. Über dem bunten Treiben schwebt der „Engel der Barmherzigkeit" – besser bekannt als „Eros". Rechts der 1859 erbaute London Pavilion.

Unten:
Mit dem Bau der Westminster Abbey wurde 1245 unter König Heinrich III. begonnen. Ihre Türme wurden zwischen 1722 und 1745 von Sir Christopher Wren erbaut. Im Vordergrund der Turm der nördlich davon stehenden St Margaret's Church, der Pfarreikirche des britischen Parlaments.

Rechts:
Das Natural History Museum (Naturhistorisches Museum) ist in einem prachtvollen viktorianischen Gebäude untergebracht, das an eine Kathedrale erinnert. Es beherbergt etwa 40 Millionen Objekte, vom Schmetterling übers Dinosaurier- und Blauwalskelett bis zum Modell des um 1690 ausgestorbenen Vogels Dodo.

Unten:
In der Haupthalle des Natural History Museum heißt das Skelett eines Brontosaurus die Besucher willkommen.

Oben:
Das British Museum dokumentiert mit rund sechs Millionen Objekten die gesamte Kulturgeschichte der Menschheit seit der Frühgeschichte. Die Planung des mit 1656 Paar Glasplatten überdachten „Great Court" erfolgte durch Sir Norman Foster.

Links:
Das Victoria and Albert Museum in Kensington (V&A) geht auf Queen Victoria und ihren Gemahl Prinz Albert zurück. Es verfügt über eine Sammlung von Kunstschätzen aus aller Welt, darunter Skulpturen, Kleidung und Kostüme, Porzellan- und Glasgefäße, Möbelstücke und Musikinstrumente.

Rechts:
*Frühling an der Tower
Bridge. Die von 1886 bis
1894 errichtete Hänge-
und Klappbrücke wird
täglich von 40 000 Fahr-
zeugen benutzt. Zu Beginn
des 21. Jahrhunderts
wurde sie gereinigt und
restauriert, was alle
25 Jahre geschieht.*

Unten:
*„Her Majesty's Royal
Palace and Fortress", der
Tower of London, entstand
im 11. Jahrhundert als
Festung Wilhelm des
Eroberers. Im 19. Jahrhun-*
*dert wurden Mauern und
Türme im neugotischen
Stil neu errichtet. Mittel-
alterlich anmutende Mau-
ern und Wassergräben
schützen die britischen
Kronjuwelen.*

Oben:
Das im Jahr 2000 eröffnete „London Eye", auch „Millennium Wheel" genannt, ist mit 135 Metern das derzeit höchste Riesenrad Europas. Es besitzt 32 vollklimatisierte Glasgondeln für jeweils bis zu 25 Personen. Bei klarem Wetter sieht man von dort bis zum Schloss Windsor.

Rechts:
Die von Sir Norman Foster entworfene City Hall ist das Rathaus von London. Wegen ihrer Form wurde sie schon mit zahlreichen Gegenständen verglichen, vom hartgekochten Ei in Scheiben über die verrutschte Torte bis zum Motorradhelm.

Ganz links:
Das Lloyd's Building von
Sir Richard Rogers wurde
zwischen 1978 und 1986
im Londoner Bankenviertel
erbaut. Da die Lüftungs-
rohre und Aufzüge außen
angebracht sind, heißt es
auch „Inside-Out Building".

Links:
„The Gherkin" – Gewürz-
gurke – wird der 180 Meter
hohe Swiss Re Tower
genannt, nach seiner
Adresse auch: „30 St Mary
Axe". Davor die Kirche
St Andrew Undershaft aus
dem Jahr 1532.

Unten:
Die Millennium Bridge
verbindet den Stadtteil
Southwark auf der Süd-
seite der Themse mit der
City of London. Sie ist
auf die St Paul's Cathedral
ausgerichtet.

LONDON UNDERGROUND –
U-BAHN DER SUPERLATIVE

Dieses Kreislaufsystem hält den Organismus der britischen Hauptstadt am Leben: Die U-Bahn, offiziell „Underground" genannt, aber auch „Metro", „Subway" oder, im Volksmund, „Tube" (Röhre). In London verkehrt eine U-Bahn der Superlative! Sie ist die älteste und größte der Welt. Auf über 400 Kilometern Strecke werden täglich rund 2,7 Millionen Fahrgäste befördert, an Spitzentagen bis zu 3,4 Millionen. Zur Rush Hour, wenn die Hauptlinien im Zwei-Minuten-Takt fahren, können sich bis zu 400 000 Menschen gleichzeitig in den Zügen der elf Linien aufhalten. An 260 Stationen werden jährlich mehr als eine Milliarde Fahrten angetreten.

Um das Jahr 1800 zählte die Metropole London bereits rund eine Million Einwohner, 1840 schon zwei und 1860 stattliche drei Millionen. Um 1850 pendelten täglich 750 000 Menschen in die Londoner Innenstadt. Der Eisenbahnverkehr begann und endete an Kopfbahnhöfen, die außerhalb der City lagen. Die Straßen dorthin waren verstopft mit Pferdekutschen. Um die Massen auch innerhalb der Stadt zu bewegen, erwog man ab der Mitte des 19. Jahrhunderts den kühnen Plan, Züge unterirdisch fahren zu lassen.

Von Paddington nach Farringdon

Am 10. Januar 1863 war Premiere: Von Paddington fuhr eine dampfbetriebene Eisenbahn unterirdisch zur Station Farringdon. Übrigens, erst 1971 wurde der letzte Streckenabschnitt elektrifiziert, überall mit 630 Volt Gleichstrom. Die frühen Tunnel grub man 20 bis 50 Meter tief; bei diesen sogenannten Röhrenbahnen (Tube) liegt jedes Gleis in einer einzelnen Röhre mit einem Durchmesser von 3,56 Metern. Später ging man zur Bauweise der Unterpflasterbahn (Sub-Surface) über, die nur fünf Meter unter der Straße fährt. Nur 45 Prozent des gesamten Streckennetzes verlaufen tatsächlich unterirdisch, und nur zehn Prozent liegen südlich der Themse.

Bereits 1880 beförderten die Linien 40 Millionen Fahrgäste im Jahr. Die Strecken, die die Innenstadt mit den angrenzenden Provinz verbanden, führten schon damals zur Ausdehnung Londons ins Umland und zu dessen Verstädterung. Zwischen den Weltkriegen wurde das Streckennetz nochmals erweitert. Die hierfür von Charles Holden entworfenen Stationsgebäude im Art-déco-Stil stehen heute teilweise unter Denkmalschutz. Während des Zweiten Weltkriegs dienten die U-Bahn-Schächte als Luftschutzbunker. In einer Station wurde eine Fabrik für Flugzeugteile eingerichtet, eine andere wurde als Sitzungsraum für Winston Churchills Kabinett genutzt, und wieder anderswo in den Stollen lagerte das Britische Museum seine Kunstschätze.

Die U-Bahn gilt als sicheres Verkehrsmittel. Es ereignen sich – gemessen am hohen Verkehrsaufkommen – nur wenige Unfälle oder Brände. Allerdings erfolgt statistisch jede Woche ein Suizidversuch auf den Schienen, von denen ein Drittel tödlich verläuft. Eine der schlimmsten Katastrophen stellte der Terroranschlag vom 7. Juli 2005 dar, bei dem 50 Menschen starben und mindestens 700 verletzt wurden. Ausführlich informiert das sehenswerte London Transport Museum (Covent Garden) über Geschichte und Gegenwart der Underground und aller anderen Verkehrsmittel in der Stadt.

Die U-Bahn befördert Einheimische und Touristen schneller und billiger als ein bequemeres Taxi. Eine einzelne Metrofahrt ist zwar ziemlich teuer; günstiger sind Abo- oder Mehrtagestickets. Dennoch decken die Fahrkarteneinnahmen nur etwa 60 Prozent der Betriebskosten. Oft sind lange Fußwege zu bewältigen, vor allem, wenn man von einer Linie zur anderen wechselt. Der tschechische Schriftsteller Karel Čapek (1890–1938) erinnerte sich nicht gern an die U-Bahn-Fahrten in London: „Man warf mich hinein, und der Zug flog weiter, und es war dort eine schwere und schimmelige Schwüle, wahrscheinlich der Nähe der Hölle wegen."

Abbild der Welt

Doch im Waggon begegnet man dafür einem Abbild der Welt: Menschen aller Nationalitäten, Hautfarben und Sprachen drängen sich für die schnelle Fahrt zusammen. Sie alle hören, bevor sich die Türen öffnen, die freundliche, aber mahnende Stimme vom Band: „Mind the gap" – „Beachte den Spalt" (zwischen Wagen und Bahnsteig). Ein berühmter Slogan, der längst Souvenirs schmückt, Tassen, Kugelschreiber, T-Shirts und sogar String Tangas …

Links:
„Mind the gap!" – Achten Sie auf die Lücke! – heißt der Warnhinweis an den Bahnsteigkanten. Inzwischen wird er längst in ganz anderen Zusammenhängen benutzt.

Oben:
An der Wand der Station Baker Street behält Sherlock Holmes mit Mütze und Pfeife die Fahrgäste im Blick.

Kleine Bilder rechts, von oben nach unten: Das Logo der Londoner U-Bahn geht auf einen Entwurf aus dem Jahr 1908 zurück.

Wartende Fahrgäste an der Station Russell Square in Bloomsbury. In der Nähe befindet sich das Hauptgebäude der Londoner Universität.

Während des Zweiten Weltkriegs dienten mehrere tief gelegene U-Bahn-Stationen als Luftschutzbunker.

Oben:
Die ab 1830 errichteten
Markthallen von Covent
Garden dienten bis 1974
dem Gemüse-, Obst-
und Blumenverkauf.
1980 wurden sie als stil-
volle Besucherattraktion
mit Restaurants und
Läden neu eröffnet.

Rechts:
Portobello Road in Notting
Hill ist eine ganz besondere
Adresse – spätestens,
seit Cat Stevens sie besang.
Montags bis freitags
werden hier Lebensmittel
verkauft, doch an den
Samstagen kann man in
Second-Hand-Kleidung
und Antiquitäten stöbern.

Oben:
An der Schleuse von Camden, Camden Lock. Hier hat sich seit den 1970er-Jahren der Camden Lock Market etabliert, mit Lädchen, Bars und Clubs. Er ist Szenetreff und Touristenattraktion in einem.

Links:
Ein Besuch in „Madame Tussauds" ist bei einem London-Besuch einfach ein „Muss"! Inzwischen hat das 1802 begründete Wachsfigurenkabinett weitere Niederlassungen auf der ganzen Welt, von Las Vegas über Sydney bis Wien und Berlin.

Unten:
Der Hyde Park ist eine fast 1,5 Quadratkilometer große „grüne Lunge" in der Hauptstadt. Die Londoner schätzen die Grünanlage als Naherholungsgebiet zum Spazieren, Joggen, Schwimmen und Angeln.

Ganz unten:
In den Royal Botanic Gardens, Kew (Kew Gardens) im Südwesten Londons steht der 1631 erbaute Kew Palace, wegen seines flämischen Aussehens auch „Dutch House" genannt. Zu der Parkanlage gehören mehrere historische Gewächshäuser, deren ältestes zwischen 1841 und 1849 errichtet wurde.

Rechts:
Der St James's Park in der Nähe des Buckingham Palace ist der älteste königliche Park in London. Schon im 17. Jahrhundert wurde er der Öffentlichkeit zugänglich gemacht. Am lang gestreckten Park Lake nisten Wasservögel.

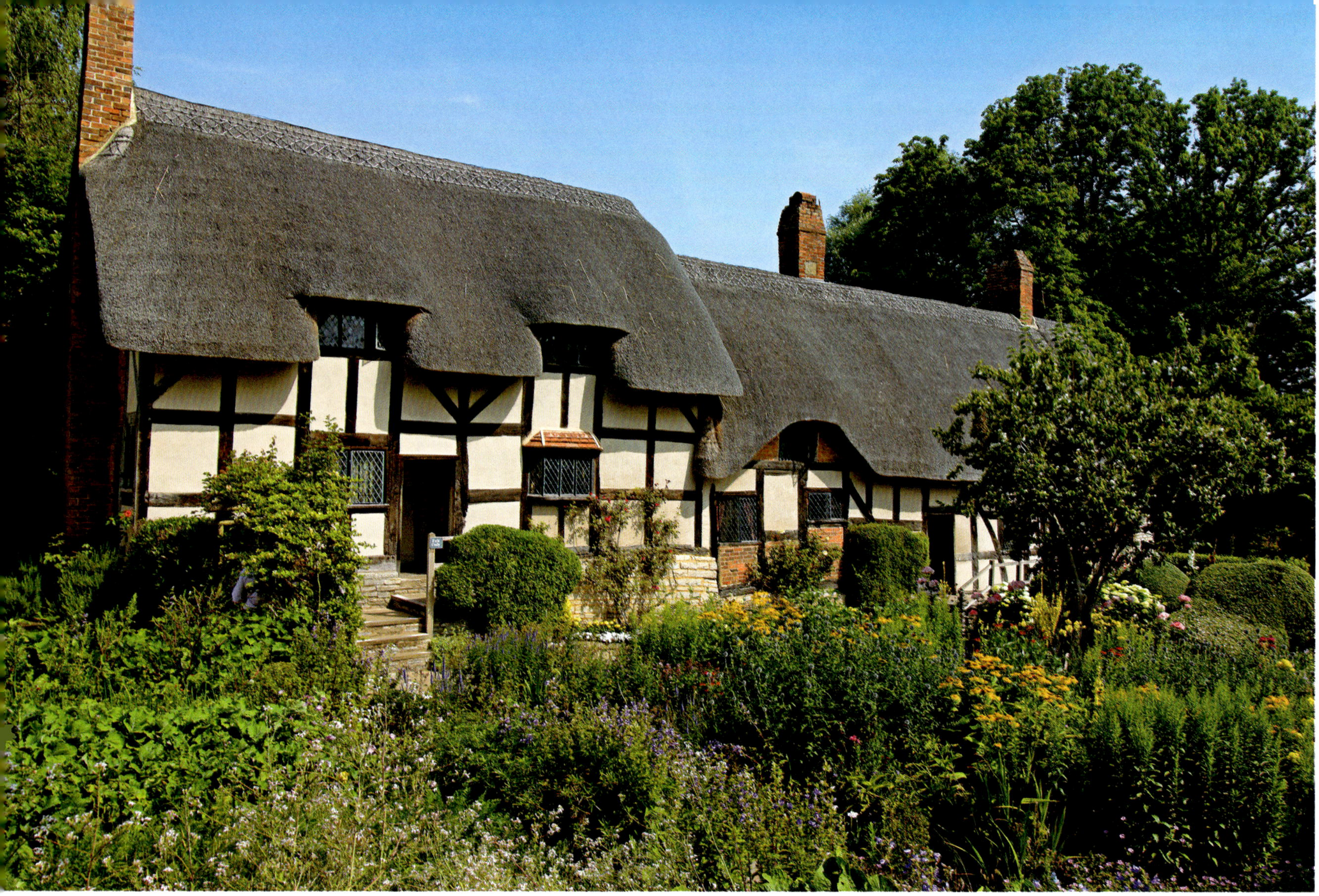

Oben:
Eine Sehenswürdigkeit für Shakespeare-Verehrer ist Anne Hathaway's Cottage, das Geburtshaus von Shakespeares Ehefrau. Es liegt in dem kleinen Dorf Shottery, knapp zwei Kilometer von Stratford-upon-Avon entfernt.

Rechts:
In diesem Haus in Stratford-upon-Avon wurde im April 1564 William Shakespeare geboren. Sein Geburtsdatum ist nicht überliefert, doch wurde er am 26. April getauft. Sein Vater war hier Handschuhmacher und später Ratsherr.

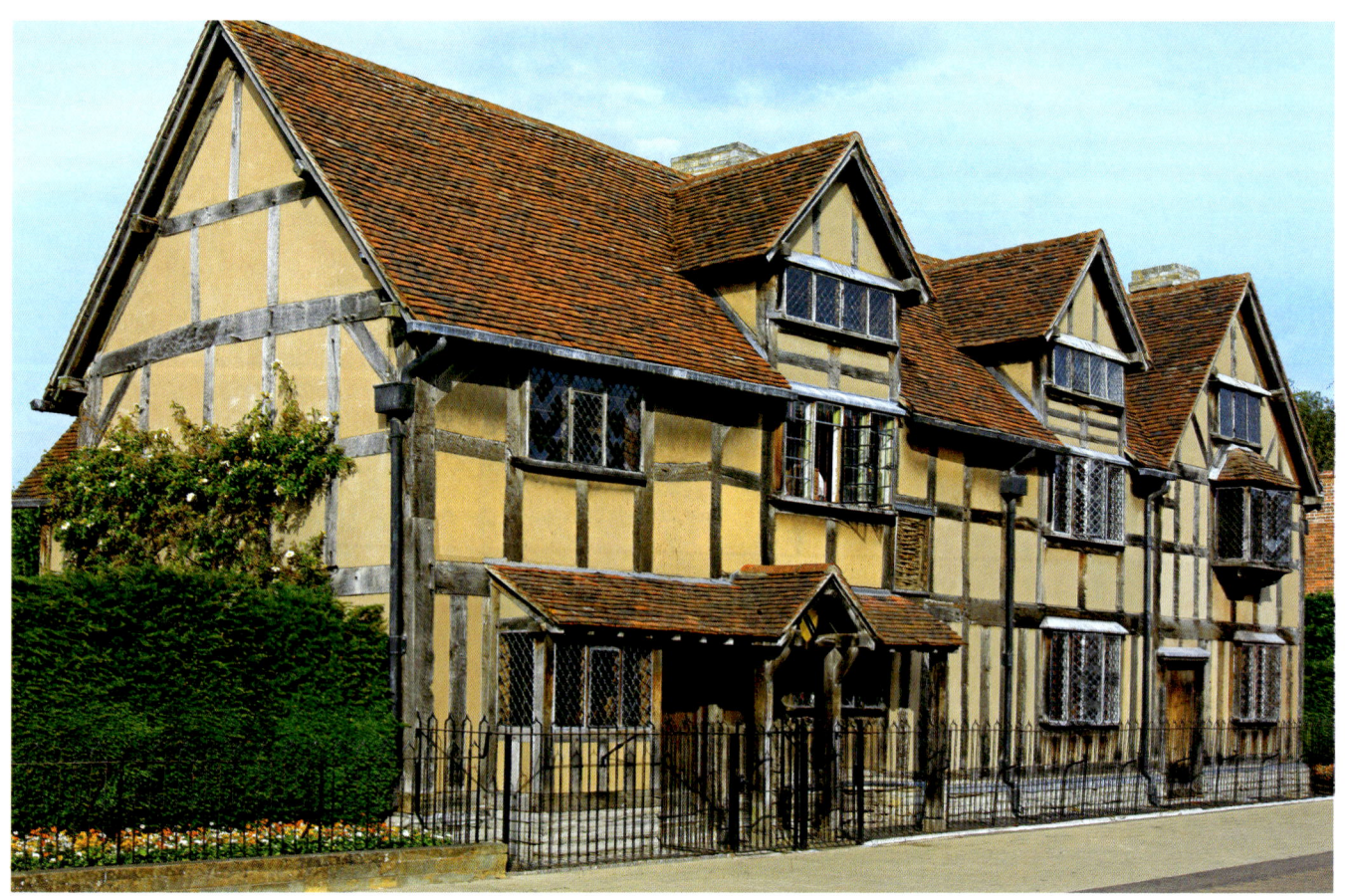

Links:
*Die Stadt Shrewsbury liegt
in den West Midlands,
etwa sechzig Kilometer
nordwestlich von Birming-
ham. Im sehenswerten
historischen Stadtzentrum
scheint die Zeit stehen
geblieben zu sein; es
weist etwa 660 denkmal-
geschützte Bauten auf.*

Unten:
*Chenies Manor House in
Buckinghamshire wurde
um 1460 aus Backsteinen
erbaut. König Heinrich VIII.
und Königin Elizabeth I.
besuchten es mit Gefolge
mehrere Male. Der preis-
gekrönte Garten ist vor
allem für seine Tulpen-
arrangements berühmt.*

Rechts:
Zu den Sehenswürdigkeiten der Universitätsstadt Oxford gehört die Radcliffe Camera. Sie heißt nach ihrem Stifter Dr. John Radcliffe, dem Leibarzt von Queen Anne. Der Rundbau wurde in den Jahren 1737 bis 1749 errichtet und beherbergte ursprünglich eine Bibliothek; heute dient er als Lesesaal.

Unten:
Die Bodleian Library (Bibliotheca Bodleiana) ist die Hauptbibliothek der Universität Oxford. An sie grenzt die gotische Old Divinity School an (hier im Bild), erbaut zwischen 1427 und 1483. Dort wurden einst theologische Vorlesungen und Examina abgehalten.

Oben:
Wer „Oxford" sagt, muss auch „Cambridge" sagen. Beide Universitäten sind die Eliteschmieden des Vereinigten Königreichs und gehören zu den ältesten Universitäten der Welt. – Hier Cambridge vor dem Hintergrund der St John's College Chapel, erbaut von Sir George Gilbert Scott von 1866 bis 1869.

Links:
Cambridge liegt etwa achtzig Kilometer nordöstlich von London am Fluss Cam. Die typischen flachen Kähne, die durch Staken mit einer langen Stange fortbewegt werden, heißen „punts". Auch in Oxford ist „punting" ein beliebtes Sommervergnügen.

Kenilworth Castle liegt zwischen Warwick und Coventry. Die Burg wurde in den 1120er-Jahren begründet und in den folgenden Jahrhunderten beträchtlich erweitert. Im Englischen Bürgerkrieg wurde sie von den „Roundheads" teilweise zerstört. Der Roman „Kenilworth" von Sir Walter Scott machte sie ab 1826 zum Tourismusziel.

Unten:

Blickling Hall ist ein Herrenhaus in der Grafschaft Norfolk. Zwischen 1499 und 1505 gehörte es den Eltern von Anne Boleyn, der zweiten Gemahlin von Heinrich VIII., die er 1536 enthaupten ließ. Die jetzige Blickling Hall wurde allerdings erst ab 1616 auf den Ruinen des Boleyn-Besitzes errichtet.

Oben:

Cliveden House liegt in Taplow in Buckinghamshire, am Ufer der Themse, vierzig Meter über dem Fluss. Nachdem zwei Vorgängerbauten abgebrannt waren, wurde 1851 der jetzige errichtet. 1893 erwarb William Waldorf Astor das Anwesen, einer der reichsten Männer der Vereinigten Staaten. Heute ist Cliveden House ein Luxushotel.

Oben:
Blick vom Fluss Mersey auf Liverpool. Die Metropolregion Manchester-Liverpool ist mit 4,2 Millionen Einwohnern die zweitgrößte Großbritanniens nach London mit 12,6 Millionen. Der historische Teil der Stadt gehört seit 2004 zum UNESCO-Weltkulturerbe.

Rechts:
Die Albert Docks in Liverpool dienten einst als Lagerhäuser am Hafen. 1988 wurde hier eine „Filiale" der Londoner Tate Gallery eröffnet, die „Tate Liverpool". Sie präsentiert ausgewählte Werke der Tate-Sammlung, Leihgaben aus öffentlichen und privaten Sammlungen, und eine Ausstellung über die Beatles.

Links:
*Das 1903 eröffnete
Midland Hotel im Herzen
der City von Manchester
beherbergte in den rund
hundert Jahren seiner
Geschichte „Königinnen
und Könige, Präsidenten,
Premierminister und Rock-
stars". Den Beatles ver-
weigerte man allerdings
einmal den Eintritt ins
„French Restaurant"
wegen „unangemessener
Kleidung".*

Oben:
Hatfield House liegt in Hertfordshire, etwa 34 Kilometer nördlich von London. Der Palast wurde zwischen 1607 und 1611 errichtet. Der Wildpark und der sogenannte Alte Palast gehörten Heinrich VIII. Hier ließ er seine Kinder erziehen.

Rechts:
Arley Hall ist ein Landsitz im Dorf Arley in Cheshire. Er wurde zwischen 1832 und 1845 erbaut und dient heute noch privaten Wohnzwecken. Der Garten wurde um 1830 gestaltet. Seit den 1960er-Jahren sind Haus und Garten der Öffentlichkeit zugänglich.

Links:
„Wo laufen sie denn?" –
Auf der Rennbahn von
Newmarket in Suffolk!
Hier sind schon um 1164
Pferderennen belegt.
Neben zwei Rennstrecken
gibt es hier ein Museum
für Pferderennen und ein
von Königin Elisabeth II.
eröffnetes Zuchtzentrum
für Englische Vollblüter.

Unten:
An der Rennbahn in New-
market. Die 15 000-Ein-
wohner-Stadt lebt gänzlich
vom Pferderennsport. Hier
stehen rund dreitausend
Rennpferde in den Ställen,
die zwei Pferdekliniken
sind weltweit führend, und
es gibt im Umkreis des
Orts rund sechzig Gestüte.

COUNTRYWIDE STEEL & TUBES

SAGITTA

Oben:
*Blackpool, das traditions-
reiche britische Seebad an
der Irischen See, war eine
der Geburtsstätten des
modernen Massentouris-
mus. Der 1894 nach dem
Vorbild des Eiffelturms
errichtete, 158 Meter hohe
Blackpool Tower ist ein
Wahrzeichen der Stadt.*

Rechts:
*Abend an der Ufer-
promenade von Blackpool.
Seit die Stadt ab 1840
mit der Bahn erreichbar
war, wurde sie auch zum
Urlaubsziel für die mittel-
englischen Industrie-
arbeiter. Blackpool besitzt
drei Piers; den mittleren
ziert ein Riesenrad.*

Links:

Der North Pier (hier im Bild) wurde 1863 gebaut, der mittlere 1868 und der südliche 1893. Von 1927 bis 2003 hielt die Labour Party in Blackpool ihre Parteitage ab; dann zog sie nach Manchester um.

Oben:
Die eindrucksvolle Land-
schaft des Lake District,
rund 170 Kilometer von
Manchester entfernt,
bildet einen von vierzehn
Nationalparks in Großbri-
tannien. Die Schönheit des
Gebiets wurde im 19. Jahr-
hundert von William
Wordsworths und anderen
„Lake Poets" besungen.
Hier der See Buttermere.

Rechts:
Im Lake District östlich
von Keswick liegt einer der
größten Steinkreise Eng-
lands, der Steinkreis von
Castlerigg. Er besteht aus
achtunddreißig bis zu drei
Meter hohen und sech-
zehn Tonnen schweren
Steinen, die ein Oval von
etwa siebzig Metern
Durchmesser bilden.

Oben:
Im Lake District soll es rund eintausend Seen geben. Hier liegt auch der größte natürliche See Englands, der Windermere. Er ist siebzehn Kilometer lang und zwischen 400 und 1500 Meter breit. Seine tiefste Stelle mit fünfundsechzig Metern befindet sich an seinem nördlichen Ende.

Links:
Am Honister-Pass im Lake District. Er liegt auf einer Höhe von 356 Metern und verbindet den Weiler Seatoller in Borrowdale im Osten mit Gatesgarthdale am Buttermere-See im Westen. Auf der Passhöhe gibt es eine Jugendherberge.

Oben:
Im Norden von Yorkshire liegen mehrere eindrucksvolle Klosterruinen. Fountains Abbey in der Nähe von Ripon wurde 1132 gegründet und bestand bis zur Auflösung der Klöster durch Heinrich VIII. im Jahr 1539.

Rechts:
Gewölbe im Westteil von Fountains Abbey. Sie ist eine der größten und besterhaltenen Zisterzienseranlagen in England, und gehört seit 1986 mit dem umgebenden Park (Studley Royal Water Garden) zum UNESCO-Weltkulturerbe.

Links:
In der Hafenstadt Whitby an der Küste von Yorkshire liegt die Ruine von Whitby Abbey. Die Abtei wurde im Jahr 657 als Doppelkloster für Männer und Frauen gegründet. Die erste Äbtissin, Hilda, wurde später heilig gesprochen. Die Ruinen, die heute zu sehen sind, stammen aus dem 13./14. Jahrhundert.

Unten:
West Pier und Leuchtturm am Hafen von Whitby. Auf der Anhöhe im Hintergrund die Klosterruine. Im Ersten Weltkrieg wurde die Westfassade durch Granattreffer deutscher Schlachtkreuzer zerstört, aber 1921 rekonstruiert.

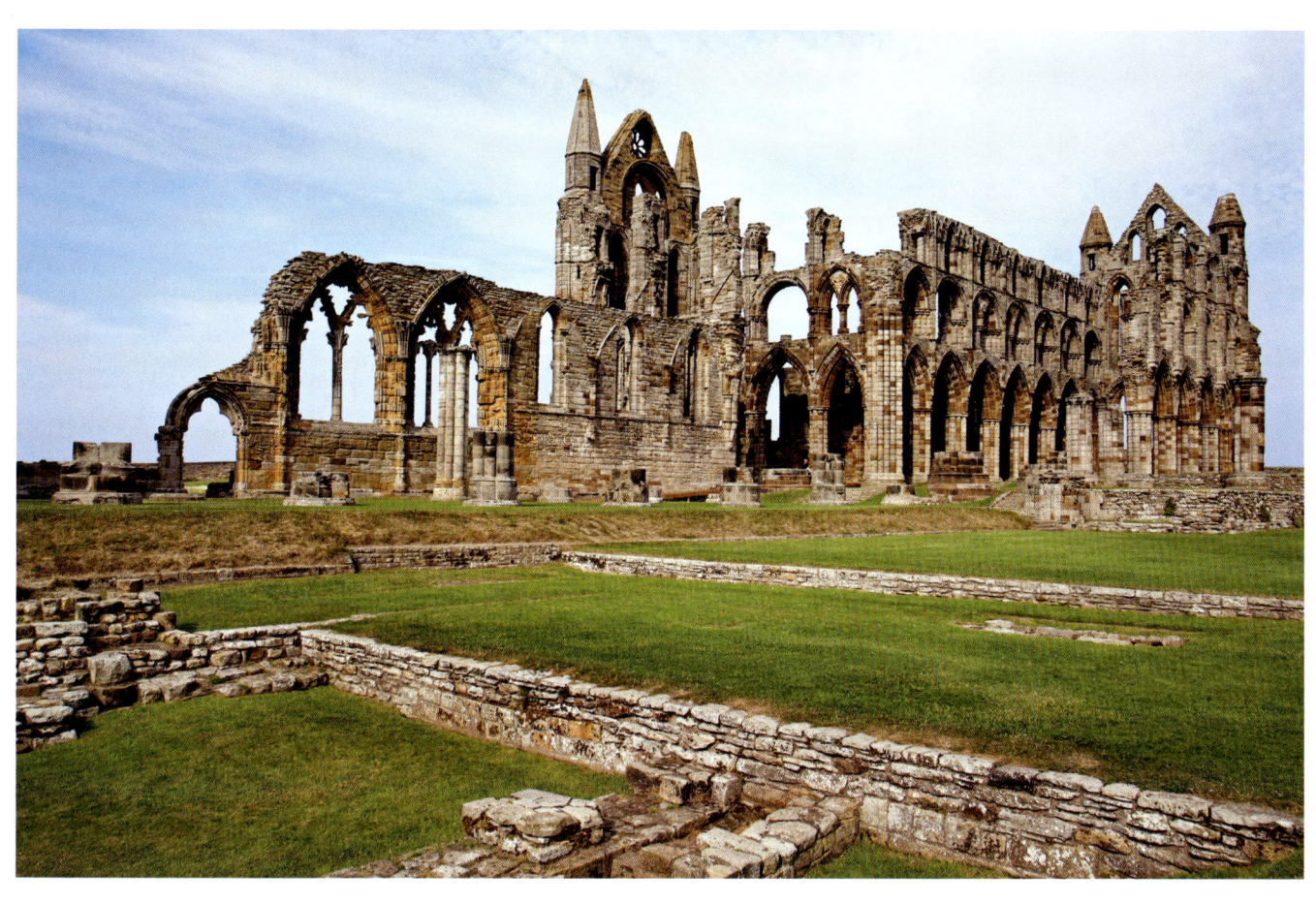

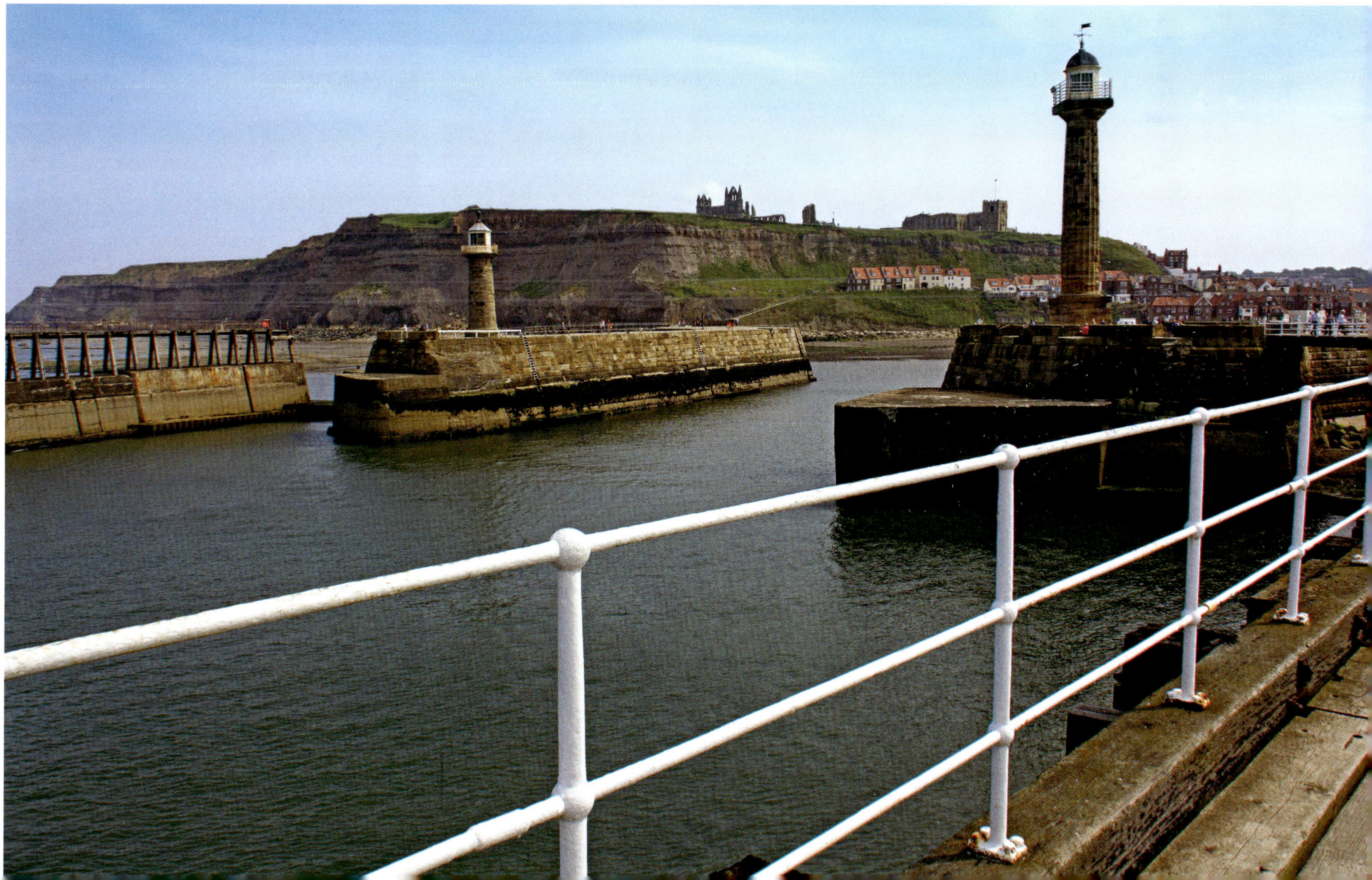

Unten:

Die Grafschaft Tyne and Wear liegt im Nordosten Englands an den Mündungen der Flüsse Tyne und Wear. Vor 150 Jahren war diese Küste eine der gefährlichsten des Landes, *mit 44 Schiffswracks pro Meile. Der damals gebaute Leuchtturm Souter Lighthouse in Marsden war der modernste seiner Zeit – der erste, der mit Wechselstrom betrieben wurde.*

Ganz unten:

Am Historic Quay von Hartlepool in Nordostengland. Im 13. Jahrhundert war die Stadt ein bedeutender *Hafen, der mit meterdicken Mauern befestigt wurde. Teile davon sind heute noch zu sehen.*

Rechts:
Alnwick Castle in Northumberland ist nach Windsor Castle der zweitgrößte Adelssitz Englands. Zwei *erhalten gebliebene Türme stammen aus dem 14. Jahrhundert; der größte Teil des Schlosses wurde ab 1750 umfassend erneuert* *und verändert. Zahlreiche Filme (unter anderem Harry Potter) wurden hier gedreht.*

Rechts:
Die Stadt York florierte vor allem im späten 14. und frühen 15. Jahrhundert. Die gotische Kathedrale St Peter, das York Minster, entstand in 250 Jahren Bauzeit und wurde 1472 fertig gestellt. Es ist die größte mittelalterliche Kirche Englands.

Unten:
In der Kathedrale von Carlisle. Die Stadt liegt im äußersten Nordwesten Englands dicht an der Grenze zu Schottland. Mit dem Bau der Kathedrale wurde 1122 begonnen. Das Tonnengewölbe stammt aus dem 14. Jahrhundert und wurde 1856 restauriert und neu ausgemalt.

Oben:
Newcastle upon Tyne liegt im Nordosten Englands am Fluss Tyne. Zur Römerzeit bestand hier eine der Festungen entlang des Hadrianswalls; später ein normannisches Kastell. Schon im 13. Jahrhundert handelte die Stadt mit Wollstoffen und Kohle.

Links:
Altstadtgasse in York. Als römische Stadt Eboracum wurde York während der Regierungszeit des Kaisers Vespasian im Jahr 71 n. Chr. gegründet. Hier starb Kaiser Septimius Severus im Jahr 211 n. Chr.; hier wurde Kaiser Konstantin nach dem Tod seines Vaters im Jahr 306 zum Kaiser ausgerufen.

Naturschönheit mit der größten Burgendichte – Wales

Am Worm's Head, dem südwestlichen Ende der Halbinsel Gower im Süden von Wales. Seinen Namen hat der Worm's Head von seiner Ähnlichkeit mit dem Kopf eines Lindwurms oder Drachen, wie er die Flagge von Wales ziert. Bei Ebbe ist der Worm's Head zu Fuß erreichbar.

Seit dem 16. Jahrhundert gehört Wales zum Vereinigten Königreich, aber es hat sich – vor allem durch seine „kymrische" Sprache – seinen eigenen, keltisch geprägten Charakter bewahrt. Auf der rund 20000 Quadratkilometer großen Halbinsel, durch den St.-Georgs- und den Bristolkanal von England abgegrenzt, leben etwa drei Millionen Menschen. Auch Wales genießt eine Teilautonomie mit eigener Regierung und Regionalparlament in der Hauptstadt Cardiff. Der Thronfolger der britischen Krone führt traditionell den Titel „Prince of Wales", Prinz Charles beherrscht als erster auch die walisische Sprache.

Die überragende Naturschönheit mit ihren Bergen und Wäldern, Flüssen und Küsten macht das grüne und hügelige Wales so anziehend. Drei Nationalparks schützen die Ursprünglichkeit der Landschaften, für Wanderer ein Paradies. Weite Flächen des rauen und einsamen Hochlands dienen der Schafzucht. Den höchsten Punkt von Wales (und England!) bildet mit seinen 1085 Metern der Mount Snowdon. Hier focht, der Legende nach, König Artus ein Duell mit einem Ungeheuer aus. Selbstverständlich trug Artus den Sieg davon und begrub seinen Feind auf dem Gipfel.

Wales besitzt die größte „Burgendichte" der Welt: 641 Castles sind zu bestaunen, manche als Ruinen, die meisten gut erhalten. Einige gehen auf römische Kastelle zurück, wie Caernarfon. Beaumaris ist ein gutes Beispiel für englische Festungsarchitektur des Mittelalters. Lohnend sind Ausflüge ins malerische St Davids, zum ehemaligen Kloster Tintern Abbey oder ins Bücherdorf Hay-on-Wye, dem umfangreichsten Antiquariat der Erde. Die Waliser singen gern und sind ein gastfreundliches Volk. Überall begrüßen sie die Gäste in ihrer Sprache: „Croeso i Gymru": Willkommen in Wales!

Rechte Seite:
Cardiff Castle wurde zum Teil schon um 1091 von den Normannen errichtet. Im 19. Jahrhundert wurde es zum „neugotischen Märchenschloss" um- und ausgebaut.

Rechts:
Die City Hall von Cardiff, walisisch: Caerdydd, der Hauptstadt von Wales, ist seit 1906 der Regierungssitz. Zu Füßen des Obelisken kauert das walisische Wappentier, der rote Drache.

Ganz rechts:
Neben der City Hall steht das 1909 geschaffene Burenkriegs-Denkmal von Albert Toft, laut Inschrift: „Zum Gedenken der Waliser, die in Südafrika fielen".

Rechts:
Das Wales Millennium Centre (Canolfan Mileniwm Cymru) an der Cardiff Bay ist Sitz der walisischen Nationaloper und beherbergt unter anderem ein großes Theater. Der Bau im Hintergrund ist das Pierhead Building von 1897.

Ganz rechts:
Der Cathays Park liegt im Zentrum von Cardiff und besteht aus einer Reihe öffentlicher Gebäude aus dem frühen 20. Jahrhundert, die einen zentralen Park umgeben. In diesem Gebäude tagt der Cardiff Crown Court, der Oberste Gerichtshof von Wales.

Rechts:
St Davids ist eine Klein-
stadt an der Nordküste der
St Brides Bay im Westen
von Pembrokeshire. Ihre
Bedeutung verdankt sie
dem Umstand, dass sie die
westlichste Stadt in Wales
und die kleinste „City" des
Vereinigten Königreichs ist.

Unten:
Etwa elf Kilometer nördlich
von Cardiff im südwalisi-
schen Kohlerevier liegt die
Stadt Caerphilly, bekannt
zum einen durch die mittelalterliche Wasserburg
Caerphilly Castle, zum anderen durch den hier herge-
stellten Caerphilly Cheese.

Oben:
Die Kathedrale von
St Davids war im Mittel-
alter ein bedeutendes
Pilgerzentrum. Sie reicht
bis ins 6. Jahrhundert
zurück, als der Schutz-
patron von Wales, St. David
(Dewi Sant) am Fluss
Alun ein Kloster gründete.
St Davids ist die letzte
größere Kirche im nor-
mannischen Stil in Groß-
britannien.

Links:
Im Langhaus von St Davids.
Die Mauern stehen schief,
wozu unzulängliche Funda-
mente und ein Erdbeben
im Jahr 1248 beigetragen
haben. Besonders sehens-
wert ist die fein geschnitz-
te Holzdecke aus dem
16. Jahrhundert.

Oben:
Am Strand von Tenby. Schon in viktorianischer Zeit war Tenby ein beliebtes Ferienziel. Ein Nationaldenkmal für Prinz Albert auf dem Castle Hill steigerte die Attraktivität der malerischen Stadt noch (am linken Bildrand auf der Anhöhe).

Rechts:
Am Strand von St Davids. Auch dieser Badeort liegt im Süden von Wales an der Carmarthen Bay. Ein Teil der Bay gehört zum Pembrokeshire Coast National Park.

Oben:
Tenby bietet vier Kilometer Sandstrand und einige Sehenswürdigkeiten, wie eine Stadtmauer aus dem 13. Jahrhundert. An der Küste liegt St Catherine's Island, bebaut mit einem Fort von 1870. Bei Ebbe ist die Insel zu Fuß zu erreichen.

Links:
Am Worm's Head bei Rhossili. Bei Ebbe ist nicht nur der Kopf des Lindwurms zugänglich, sondern es werden auch einige Schiffswracks sichtbar, die an dieser Küste gescheitert sind. Am bekanntesten ist das „Helvetia", die 1887 hier auf Grund lief.

Oben:
Altstadtgasse in der Kleinstadt Dolgellau. Sie liegt
am Südrand des 1951
gegründeten Snowdonia-
Nationalparks. Dieser
erhielt seinen Namen nach
dem höchsten Berg von
Wales, dem 1085 Meter
hohen Snowdon. Im Park
verlaufen mehrere Berg-
ketten mit über neunzig
Gipfeln; außerdem liegen
hier etwa hundert Seen.

Rechts:
In diesem kleinen Café in
Dolgellau bekommt man
nicht nur Getränke wie
Espresso und Cappuccino,
sondern, wie auf der Tafel
zu lesen ist, auch Zugang
zum Internet mittels Wi-Fi.
Auch hier ist die Zeit nicht
stehen geblieben.

Links:
Tintern Abbey wurde 1131 von Zisterziensern gegründet und war die zweitälteste Zisterzienserabtei in Großbritannien und das reichste Kloster in Wales. 1536 wurde es unter Heinrich VIII. aufgelöst. Die heute erhaltenen Ruinen stammen größtenteils aus der zweiten Hälfte des 13. Jahrhunderts.

Unten:
Gegenüber von Tintern Abbey auf dem Chapel Hill liegt das Café und Pub „The Anchor" in einem Gebäude aus dem 12. Jahrhundert, in dem sich ursprünglich die Mostpresse der Abtei befand.

VON AGATHA CHRISTIE BIS IAN RANKIN – ENGLISCHE KRIMI-AUTOREN

Gewiss, ich beherrsche das Englische fließend. Aber es gebrochen zu sprechen ist ein enormes Hilfsmittel. Es führte die Leute dazu, mich gering einzuschätzen. Ein Ausländer, der noch nicht mal richtig Englisch spricht!, denken sie. Außerdem prahle ich ein bisschen. Oft hört man Ihre Landsleute sagen: Ein Bursche, der eine solche Meinung von sich hat, kann nicht viel wert sein. Das ist der englische Standpunkt, der keineswegs richtig ist. Und so lulle ich die Menschen ein und mache sie sorglos. Überdies ist es allmählich eine Angewohnheit geworden." So beschreibt er sich selbst, der belgische (!) Privatdetektiv Hercule Poirot, als er den „Mord im Orient-Express" ermittelt. Der vornehme und behutsame Poirot ist – neben der liebevoll-schrulligen Miss Marple – die berühmteste und erfolgreichste Erfindung von Agatha Christie (1890–1976), der großen englischen Lady des klassischen Kriminalromans. Viele Romane von ihr wurden verfilmt, wie auch jene von Edgar Wallace (1875–1932). 123 Krimis schrieb Wallace, etwa „Die baue Hand" oder „Das indische Tuch": alle spannend, skurril und nebelgeschwängert – was und wie er erzählte, prägte das Bild der Deutschen von Großbritannien.

Zu den Krimiautoren der alten Schule zählen unter anderem Dorothy L. Sayers (1893–1957), Dick Francis (1920–2010), John Harvey (*1938) und Susan Hill (*1942). Am populärsten von ihnen wurde aber Ian Fleming (1908–1964) mit seinem „Agenten 007", James Bond, immer unterwegs im Auftrag Seiner Majestät. Doch auch „Inspector Barnaby" von Caroline Graham (*1931) hat sein Publikum gefunden. Ken Follett (*1949) schreibt Welterfolge; den Durchbruch schaffte er mit seinem Spionageroman „Die Nadel". Auf internationalen Bestsellerlisten findet sich auch Robert Harris (*1957), sein Roman „Vaterland" brachte ihm große Aufmerksamkeit ein. Als führender zeitgenössischer britischer Krimi-Autor gilt momentan Ian Rankin (*1960), dessen Roman-Held „Detective Inspector John Rebus" aus Edinburgh eine riesige Leser-Gemeinde fesselt. Philip Kerr (*1946) erhielt für seinen Roman „Das Wittgensteinprogramm" den Deutschen Krimipreis. Die Briten lieben Kriminalgeschichten, und aus allen Landesteilen kommen die Krimi-Autorinnen und -Autoren. Sie versorgen nicht nur ihr Heimatland mit Lesefutter, sondern bescheren auch dem Kontinent spannende Unterhaltung, wie etwa Peter James (*1948), Minette Walters

(*1949), Peter Robinson (*1950), Scott McBain (*1960), Nick Stone (*1966), Gay Longworth und Boris Starling (beide 1970 geboren). Sehr typische britische Krimis schreibt übrigens Elizabeth George, die mit ihrem Erstling „Gott schütze dieses Haus" 1988 bereits einen Riesenerfolg landete und seither viele Geschichten um ihren Inspector Lynley folgen ließ – doch sie ist Amerikanerin!

Urvater des modernen Krimis

Eine Art Urvater des modernen Krimis schuf Arthur Conan Doyle (1859–1930) mit seinem Meisterdetektiv Sherlock Holmes. 1887 veröffentlichte Doyle (der damals als Arzt praktizierte und nur in seiner Freizeit schrieb) die erste Geschichte um Sherlock Holmes und dessen Freund, den Arzt Dr. Watson: „Eine Studie in Scharlachrot". Der exzentrische Privatdetektiv begründet eine neue Ära des Kriminalromans, nachdem im viktorianischen Schauerroman noch das Mysteriöse und Grauenerregende geherrscht hatte. Sherlock zieht seine Schlüsse aus den scheinbar unwesentlichsten Indizien und löst seine Fälle mit analytisch-rationalem Denken und wissenschaftlichen Methoden, nicht selten in seinem eigenen Chemielabor in einer Ecke seines Wohnzimmers. Er ist drogensüchtig – er injiziert sich dreimal täglich Kokain – und spielt Violine. An seiner Ausrüstung – dem karierten Inverness-Mantel, der Deerstalker-Mütze und der gebogenen Tabakspfeife – erkennt ihn bald jedes Kind.

Die Autorin Phyllis Dorothy James (*1920), von der Sunday Times aufgrund ihrer erfolgreichen Kriminalromane als „Queen of Crime" tituliert, erklärte einmal die Beliebtheit ihres literarischen Genres so: „Der Detektivroman handelt von einer zerstörten Ordnung und ihrer Wiederherstellung, auch wenn es sich dabei nur um eine tröstliche Illusion handelt."

Links:
Ist er's wirklich? Mütze – Mantel – Tabakspfeife – alles stimmt, und verschieden sein kann der unsterbliche Sherlock Holmes auch nicht – also, wer sollte es sonst sein?

Oben:
So wohnt er, der Meisterdetektiv, in der Baker Street 221b in London. Seine Accessoires liegen bereit: Deerstalker-Mütze, Tabakspfeife, Lupe, Geige.

Kleine Bilder rechts, von oben nach unten: David Peace (*1967) stammt aus Yorkshire, studierte in Manchester und schreibt vor allem Kriminalromane, von denen einige auch verfilmt wurden.

Ian Rankin wurde 1960 in Fife, Schottland geboren. Die meisten seiner – oft preisgekrönten – Krimis spielen in Edinburgh. Das schottische Fernsehen produzierte danach eine Serie.

„Ob mit, ob ohne Glatze, ein jeder liest Wallatze!" – Edgar Wallace, geboren am 1. April 1875 in Greenwich, gestorben am 10. Februar 1932 in Hollywood, war einer der erfolgreichsten Krimischriftsteller der Welt.

Agatha Christie erblickte 1890 in Torquay das Licht der Welt und bevölkerte diese mit unvergesslichen Gestalten wie Miss Marple, Hercule Poirot, den Beresfords ... In ihrem letzten Roman, „Alter schützt vor Scharfsinn nicht" verarbeitete sie eigene Kindheitserinnerungen.

Oben:
*Kletterer bei Llanberis.
Das Dorf im Norden von
Wales entstand im Zusam-
menhang mit dem hiesi-
gen Schieferabbau, der
1969 eingestellt wurde.
In Llanberis startet die
Zahnradbahn zum Gipfel
des Snowdon; man kann
ihn aber auch zu Fuß
besteigen.*

Rechts:
*Der Llanberis-Pass in der
Region Snowdonia führt
zwischen dem Glyderau-
Gebiet und dem Snowdon-
Massiv hindurch. Unten am
Pass liegt der kleine Ort
Nant Peris um die Kirche
Saint Peris, die einem früh-
christlichen, kaum bekann-
ten walisischen Heiligen
geweiht ist.*

Oben:
Der Berg Cader (oder: Cadair) Idris am südlichen Ende des Snowdonia-Nationalparks ist bei Wanderern und Kletterern sehr beliebt. Seit 1957 ist die Gegend um den Berg ein Naturschutzgebiet, da hier seltene Pflanzen wie der Gegenblättrige Steinbrech und die Kraut-weide vorkommen.

Rechts:
Das walisische Wort „Llyn" bedeutet „See". Oberhalb des Dorfs Arthog liegt der Llyn Cregennen mit seiner kleinen Insel. Er wird über-ragt vom Gipfel des Berges Pared y Cefn-hir.

Oben:
Auch der Llyn Gwynant ist
ein See im Snowdonia-
Nationalpark. Er bedeckt
eine Fläche von etwa
fünfzig Hektar und wird
vom River Glaslyn durch-
flossen. Der See war einer
der Drehorte für den Film
„Lara Croft: Tomb Raider –
Die Wiege des Lebens".

Links:
Nicht weniger malerisch
ist der 89 Hektar große
Llyn Mwyngil. Ein Foto dieses Sees kam als Hinter-
grundbild des Betriebssys-
tems Microsoft Windows 7
zu Millionen PCs.

95

Linke Seite:
Die Kleinstadt Blaenau Ffestiniog liegt in den Bergen von Snowdonia und war früher ein Haupt-ort des Schieferabbaus, wovon heute noch riesige Abraumhalden zeugen. Eine der alten Schiefer-minen, die Llechwedd Slate Caverns, ist für Besu-cher eingerichtet.

Portmeirion war im 19. Jahrhundert nur eine Anlegestelle für den Schieferabtransport. Der walisische Architekt und Autodidakt Sir Bertram Clough Williams-Ellis (1883–1978) kaufte es 1925 für weniger als 5000 Pfund und gestaltete hier ein künstliches Dorf im Stil eines mediterranen Küstenorts.

Die Gebäude von Port-meirion waren mehr fürs Auge als für die Nutzung bestimmt; die scheinbaren Größenverhältnisse beruhen oft auf optischen Täuschungen. Das Dorf hat keine echten Einwoh-ner, nur Gäste. Inzwischen steht es unter Denkmal-schutz und wird von einer Stiftung unterhalten.

Oben:
Conwy Castle wurde
zwischen 1283 und 1287
an der Mündung des
gleichnamigen Flusses
errichtet und ist eine der
größten Burgen in Wales.
Die Ringmauer wird von
acht runden Wehrtürmen
mit je zwölf Metern Durchmesser unterbrochen.

Rechts:
Dieser adrett restaurierte
viktorianische Bahnhof
steht im Dorf mit dem
längsten amtlichen Orts-
namen Europas, den sich
im 19. Jahrhundert ein
Schuster ausdachte: Llan-
fairpwllgwyngyllgogerych-
wyrndrobwllllantysiliogog-
ogoch. Waliser nennen es
meist nur Llanfairpwll,
oder Llanfair (St Mary's).

Oben:
Caernarfon Castle ist die letzte große Burg König Edwards I. Sie wurde 1327 fertig gestellt und sollte zugleich als Festung und Palast dienen. Jahrhundertelang galt sie als Symbol der Unterdrückung von Wales durch England. Seit 1911 ist sie der Ort, wo der britische Thronfolger zum „Prince of Wales" ernannt wird.

Links:
Die Kleinstadt Caernarfon ist die inoffizielle Hauptstadt von Nordwales. Schon zur Römerzeit bestand hier ein Kastell. Die Innenstadt wird überragt von Caernarfon Castle.

Links:

Auf dem Snowdon, der mit 1085 Metern der höchste Berg von Wales ist. Sein Name bedeutet „Schneeberg". Der Gipfel heißt auf Walisisch Yr Wyddfa: „das Grab" oder „die Gruft".

Unten:

Llynnau Mymbyr ist ein Doppelsee in dem Tal Dyffryn Mymbyr, das bei dem Dorf Capel Curig beginnt. Es hat den Ruf, der nasseste Ort auf den Britischen Inseln zu sein. Der See ist etwa einen Kilometer lang und neun Meter tief und wird von Fliegenfischern und Kanuten genutzt.

Oben:

Die Schiefersteinbrüche bei Llanberis und Bethesda waren einst die größten Schieferabbaustätten der Welt. 1826 arbeiteten hier schon 800 Männer, gegen Ende des 19. Jahrhunderts 3000. Nach einem Felssturz 1966 kam der Schieferabbau zum Erliegen und wurde 1969 eingestellt.

101

Abwechslungsreiche Landschaften und viel Kultur – Nordirland

Dunluce Castle an der Nordküste Irlands ist eine der größten mittelalterlichen Ruinen der Insel. 1588 lief in der Nähe ein Schatzschiff der Spanischen Armada auf Grund; es wurde geplündert und das spanische Gold zur Verschönerung der Burg verwendet. In der Mitte des 17. Jahrhunderts wurde sie aufgegeben.

Jahrhundertelang dominierte die britische Krone auch Irland. Der irische Kampf um Unabhängigkeit führte 1921 zur Teilung der Insel in die Republik Irland einerseits und Nordirland andererseits. Nordirland gehört seither zum Vereinigten Königreich. In den 1960er-Jahren entbrannte dort ein 30 Jahre dauernder Bürgerkrieg zwischen den Bevölkerungsgruppen der Katholiken und Protestanten, der mehrere Hundert Tote und Tausende Verletzte forderte. Erst 1998 konnte der Weg zum Friedensprozess gebahnt werden: Die paramilitärischen Gruppen erklärten sich zur Entwaffnung bereit, Irland verzichtete auf die Forderung nach Wiedervereinigung und Großbritannien zeigte sich mit einer Wiedervereinigung einverstanden, falls die Mehrheit der Nordiren dies wünsche.

In der Hauptstadt Belfast leben 280 000 der rund 1,8 Millionen Nordiren. Die Stadt verfügt über ein Castle und eine Kathedrale; die Kuppel der City Hall misst 53 Meter Höhe. Da auf einer Werft in Belfast die Titanic gebaut wurde, erinnern hier ein Museum und ein Denkmal an die Opfer der Schiffskatastrophe. 80 Kilometer von Belfast entfernt befindet sich das Weltnaturerbe Giant's Causeway, der „Damm des Riesen". Vor 60 Millionen Jahren entstanden hier rund 40 000 gleichmäßig geformte Säulen aus Lavagestein. Der Legende nach baute damit der Riese Finn MacCool einen Damm über das Meer zu seiner Geliebten auf der schottischen Insel Staffa. In der Nähe des Naturdenkmals befindet sich das Städtchen Bushmills, das sich rühmt, die älteste Whiskybrennerei der Welt zu besitzen. Die Natur ist abwechslungsreich, vom 850 Meter hohen Gebirgszug Mourne Mountains bis zum größte See der britischen Inseln, dem 400 Quadratkilometer großen Lough Neagh.

Linke Seite:
Der Giant's Causeway, „Damm des Riesen", an der Nordküste Irlands besteht aus etwa vierzigtausend gleichmäßig geformten Basaltsäulen, die etwa 60 Millionen Jahre alt sind. Die größten haben eine Höhe von zwölf Metern.

Navan Fort ist eine archäologische Fundstätte im County Armagh in Nordirland. Sie ist an einem etwa fünf Meter hohen Hügel erkennbar, der von einem Wall und einem Ringgraben umgeben war. Man vermutet, dass es sich bei Navan Fort um ein Kultzentrum oder einen Fürstensitz mit Verbindungen in den Mittelmeerraum handelte; unter anderem grub man hier den Schädel eines Affen aus.

Ganz links:
Glencolumbkille ist ein kleiner Ort an der Südwestküste der Grafschaft Donegal. Im hiesigen, 1950 gegründeten „Folk Village Museum" findet man diesen „Cross Slab", der eine Station einer Wallfahrt markiert.

Links:
Boa Island ist eine lang gestreckte Insel im Lower Lough Erne. Auf dem alten Friedhof von Caldragh im Westen der Insel gibt es zwei etwa siebzig Zentimeter hohe vorchristliche, wahrscheinlich eisenzeitliche Steinfiguren, die sogenannten „Caldragh-Idole". Im Bild die kleinere Figur.

Rechts:
Blick in die Eingangshalle
der City Hall von Belfast.
Das Rathaus befindet sich
am zentralen Donegall
Square der Hauptstadt
Nordirlands.

Rechte Seite:
Außenansicht der Belfast
City Hall. Sie wurde ab
1898 im neobarocken Stil
erbaut und 1906 fertig
gestellt. Ihre Kuppel ist
53 Meter hoch.

Atemberaubende Natur und kulturelle Highlights – Schottland

Etwa drei Kilometer südlich von Stonehaven steht die Burgruine Dunnottar Castle auf einer felsigen Landzunge. Die heute noch vorhandenen Teile stammen größtenteils aus dem 15. und 16. Jahrhundert. Die kleine Hafenstadt Stonehaven liegt an der Nordostküste Schottlands in Aberdeenshire.

Jenseits des Hadrianswalls bilden die „Borders" das Grenzgebiet zwischen England und Schottland. Wie heranrollende Wellen eines Ozeans wirken die Berge der Southern Uplands, heidekrautbewachsene Erhebungen mit bis zu über 800 Metern Höhe. Das Land wird durchzogen von zahlreichen Flüssen, etwa dem Clyde, dem Tyne oder dem mit 160 Kilometern längsten, dem Tweed.

Kulturelle Highlights erwarten den Reisenden, so das Hochzeitsparadies Gretna Green oder Schloss Abbotsford, ehemaliger Wohnsitz des Schriftstellers Sir Walter Scott; auch Klosterruinen wie Melrose und Kelso. Die Provinz Dumfries and Galloway mit ihren Moorgebieten, dem Acker- und Weideland wird vor allem landwirtschaftlich genutzt. Die Central Lowlands bilden die sogenannte mittelschottische Senke. Mit der Hauptstadt Edinburgh und Glasgow, der größten Stadt Schottlands, befindet sich hier die bevölkerungsreichste Region, das wirtschaftliche und kulturelle Zentrum des Landes.

Das „typische" Schottland findet sich in den dünn besiedelten Highlands mit atemberaubender Natur, tiefen Seen (Lochs) und hohen Bergen. Der Ben Nevis ragt mit seinen 1344 Metern als höchste Erhebung der britischen Insel empor. An der Küste zum Ozean ziehen sich Fjorde (Firths) weit ins Land. Die Nordseeküste ist sanfter. Im Loch Ness ist das weltbekannte Ungeheuer Nessie zu Hause.

Auch die Inseln gehören zu Schottland. Die Äußeren Hebriden im Atlantik wirken wie ein Schutzwall für die Mutterinsel. Auf Harris produziert man den legendären Harris Tweed. Zu den Inneren Hebriden zählt Iona, die Insel der Klöster, von der aus Schottland im 6. Jahrhundert christlich missioniert wurde. Auf Islay braut man Whisky von Weltrang. Von den Orkney- und Shetland-Inseln sind nur wenige bewohnt.

Links:
„My own honest grey hills", nannte Sir Walter Scott diese Landschaft mit dem Tal des River Tweed (etwa: meine heimatlichen ehrlichen grauen Hügel).

In den vergangenen zweihundert Jahren hat sich an diesem Anblick nichts verändert. Dem Dichter zu Ehren heißt der beliebte Aussichtspunkt noch heute „Scott's View".

Unten:
Linlithgow Palace gilt als „Versailles der Könige von Schottland". Hier wurde 1542 Maria Stuart geboren. Der Verfall begann im 17. Jahrhundert, als Maria

Stuarts Sohn, Jakob VI., 1603 auch zum Herrscher über England ausgerufen wurde und nach London umzog. 1746 brannte die Residenz aus.

Oben:
Der mittelalterliche Wohnturm Balvaird Castle im Gebiet Perth and Kinross

wurde im späten 15. Jahrhundert vom Clan Murray erbaut und blieb seither im Familienbesitz. 1974

wurde er von der Behörde „Historic Scotland" übernommen, die archäologisch und historisch

bedeutsame Stätten in Schottland betreut.

Oben:
Das Mercat Cross (Markt-
kreuz) von Aberdeen wurde
1686 von dem Aberdeener
Architekten John Mont-
gomery errichtet. Aus der
Mitte ragt eine Säule, die
das königliche Einhorn
trägt. Rechts davon (mit
Turm) die Salvation Army
Citadel von 1896.

Rechts:
Das Dorf Culross am
Firth of Forth soll schon
im 6. Jahrhundert n. Chr.
gegründet worden sein
und war einst ein Hafen.
Rechts im Bild das
Culross Town House, das
früher als Gerichtshof
und Gefängnis diente.

Links:
Die Stadt Dunfermline in der Region Fife liegt rund fünf Kilometer vom Firth of Forth entfernt und hat etwa 39 000 Einwohner. Sehenswert ist die romanische und gotische Abtei. Sie wurde 1128 von König David I. gegründet.

Unten:
Dunfermline Abbey ist die Grabstätte von zweiundzwanzig schottischen Königen und ihren Gemahlinnen. Nach dem Zusammenbruch des östlichen Kirchturms 1828 wurde die Kirche im neugotischen Stil wieder aufgebaut.

Links:
Stirling liegt nordwestlich von Edinburgh und war einmal eine Residenz der schottischen Könige. Hier angestrahlt wird die Church of the Holy Rude, deren älteste Teile aus dem 15. Jahrhundert stammen. Die Pyramide auf dem Friedhof wurde 1863 als Denkmal für die Opfer religiöser und gesellschaftlicher Intoleranz errichtet.

Unten:
In Dumfries ehrt diese Marmorstatue vor der Greyfriars Church den schottischen Nationaldichter Robert Burns. Erschaffen wurde sie in Italien nach einem Modell der Bildhauerin Amelia Paton Hill, und enthüllt am 6. April 1882.

Oben und ganz oben:
Das Pub „The Globe Inn" in Dumfries war einst die Stammkneipe von Robert Burns. Heute schmückt es sich mit seinem berühmtesten Gast, der hier manches Glas leerte. Der Poet rühmte den Whisky als Gabe, die ihm Erleuchtung schenkte, bevor er im Alter von nur 37 Jahren seiner Trunksucht erlag.

GÖTTERGABE, ZAUBERTRUNK – SCHOTTISCHER WHISKY

Für seine Liebhaber ist er nicht einfach nur ein Genuss, sondern eine Göttergabe, ein Zaubertrunk! Gelblich oder dunkelbraun, zart oder intensiv, ölig, fruchtig, süß oder an Salz erinnernd, mit oder ohne eine Note von Torfrauch – es gibt unzählige Sorten Whisky. Die Schotten schwören auf seine medizinische Kraft: Whisky heile manche Krankheiten, wie etwa eine Erkältung; eine tägliche Ration beuge zumindest vor. In einer Chronik aus dem Jahre 1564 ist mahnend zu lesen, Whisky „in Maßen genossen, erhellt den Verstand, beschleunigt den Geist, heilt die Krankheiten. Er bewahrt die Augen vor Blendung, die Zähne vor Klappern, den Hals vor Röcheln, die Hände vor Zittern, die Knochen vor Schmerzen. Ein wirklich majestätisches Labsal, wenn er in Maßen genossen wird."

Schottischer Whisky gilt heute als weltweit populärste Spirituose und erwirtschaftet einen jährlichen Umsatz von über zwei Milliarden Euro. Zweitausend verschiedene Marken laden zum Genuss des edlen Brandes ein, dessen Herstellung sich aufwändig gestaltet: Zunächst wird Gerste in Wasser eingeweicht und danach zum Keimen gebracht. Die im Getreidekorn enthaltene Stärke wandelt sich in Malzzucker um. Die Keimlinge dörrt man über einem Torffeuer – so entsteht der spätere, unnachahmliche Rauchgeschmack. Die getrockneten Keime werden gereinigt, gemahlen und mit heißem Quellwasser zu einem Brei vermischt. Mit Hefe versetzt, gärt die Maische für mehrere Tage in riesigen Bottichen. Der Zucker wird zu Alkohol. Schließlich folgt die mehrfache Destillation in der Brennerei.

Was da herauskommt, ist aber noch farblos und kaum genießbar; erst nach langer Lagerung – mindestens drei, in der Regel zwölf Jahre, aber auch 15, 21 oder gar 50 sind möglich – ist der Whisky gereift. Eichenfässer, in denen zuvor Sherry oder Bourbon gelagert war, geben dem Getränk die goldene Farbe und ein besonders zartes Aroma. In großen Hallen lagern die Fässer; den verdunstenden Alkohol nennen die Schotten liebevoll „Angels' Share" (Anteil für die Engel). Dieser Dunst lässt eine Pilzart wuchern, welche die Lagerhäuser grauschwarz färbt. Etwa 60 Prozent Alkohol enthält der fertige Whisky; für die Abfüllung reduziert man den Alkoholgehalt durch Verdünnung mit Quellwasser auf die marktübliche Trinkstärke. Die Geografie und das Klima Schottlands garantieren erstklassige Qualität: Reine Luft und klares Wasser lassen auch das Getreide wohlgeraten. Einen Whisky, der allein aus Gerste

gebrannt wird und aus einer einzigen Distillery kommt, nennt man „Single Malt". Preiswerter als dieser sind die „Blended Whiskies", kurz „Scotch": Das sind Whiskys, die aus den Bränden verschiedener Destillen gemischt werden und sowohl Gersten- als auch Maisbrand enthalten. Es heißt, diese Whisky-Variante sei eigens für die Engländer erfunden worden, damit die Schotten den Single Malt selbst trinken können. Den amerikanischen Whisky – „Bourbon" – stellt man aus Mais her. Die Iren schreiben ihren Whisky mit einem e: „Whiskey".

Lebenswasser

Seit wann die Schotten sich am Whisky erfreuen, ist ungewiss. Eine erste urkundliche Erwähnung gab es im Jahre 1494. Doch wahrscheinlich brachten bereits im 6. Jahrhundert irische Mönche mit dem christlichen Glauben auch die Technik des Alkoholbrennens nach Schottland. Sie nannten den Branntwein auf gälisch „uisge beatha", „Lebenswasser", lateinisch „aqua vitae" – was sich in Bezeichnungen wie „Aquavit" oder „Eau de vie" erhalten hat.

Whiskybrennereien findet man in ganz Schottland, die meisten in den Highlands. Berühmte Tropfen werden auch auf den Inseln hergestellt, etwa auf Islay – Kenner behaupten, von dort stamme der beste überhaupt. Wer eine Reise durch Schottland macht, sollte sich den Besuch einer Brennerei nicht entgehen lassen, und vor Ort einen Schluck nehmen. Ausgefeilte Whiskyrouten führen Interessierte zu den Destillen der bekanntesten und berühmtesten Sorten. Für viele mag ein Schluck Whisky einfach ein Wohlgeschmack sein, für Schotten bedeutet er mehr. Ohne Whisky ist die Seele dieses Landes nicht zu verstehen, oder, wie der Nationaldichter Robert Burns einmal meinte: „Freiheit und Whisky gehören zusammen!"

Links:
Die Strathisla Distillery in Keith/Banffshire bezeichnet sich als die älteste Whiskybrennerei in den Highlands. Hier werden einige der berühmtesten und teuersten Malzwhiskys hergestellt.

Oben:
Whiskyfässer in der Strathisla Distillery in Keith. Auf die Reife kommt es an: Zwölf Jahre sollte ein guter Tropfen mindestens lagern.

Seite 118/119:
Eine oft und gern gemalte und fotografierte Ansicht von Edinburgh ist der Blick vom Calton Hill auf die Innenstadt. Im Vordergrund das Denkmal für den Philosophen Dugald Stewart von 1831.

Kleine Bilder rechts, von oben nach unten:
Ohne das alte Handwerk des Küfers, auch Böttcher oder Fassbinder genannt, geht es auch heute nicht.

Die Strathisla Distillery ist von März bis Oktober für Besucher geöffnet und kann mit geführten Touren besichtigt werden.

Nach der Besichtigung können die Produkte des Hauses natürlich verkostet und erworben werden.

DUGALD STEWART

BORN NOVEMBER 22 1753

DIED JUNE 11 1828

Oben:
Die Princes Street wurde um 1800 angelegt, und benannt nach den Söhnen König Georgs III., den Prinzen George und Frederick. Der Park Princes Street Gardens entstand in den 1820er-Jahren und verläuft südlich entlang der Princes Street. Rechts das 1902 erbaute Balmoral Hotel beim Bahnhof Waverley Station mit seinem Uhrturm.

Rechts:
Der Ross-Brunnen an der Princes Street besteht aus Gusseisen und entstand um 1860 in Frankreich. Der Philanthrop und Waffenfabrikant Daniel Ross schenkte ihn der Stadt Edinburgh. Im Hintergrund Edinburgh Castle auf dem Castle Rock.

Oben:
Von der Princes Street hat man einen schönen Blick auf Ramsay Gardens, eine architektonisch reizvolle Altstadtsiedlung, die von 1733 bis 1893 entstand. Heute beherbergt sie luxuriöse Appartements mit einer prächtigen Aussicht über die Stadt und den Firth of Forth.

Links:
Holyrood Palace in Edinburgh ist die Residenz des britischen Königshauses in Schottland. In seiner heutigen Form wurde das Schloss im 17. Jahrhundert erbaut. Hier ermordete der Gatte Maria Stuarts, Lord Darnley, am 9. März 1566 aus Eifersucht den italienischen Sekretär seiner Gemahlin, David Riccio.

Rechts:
Der Grassmarket unterhalb des Edinburgh Castle diente von 1477 bis zum Anfang des 20. Jahrhunderts als Marktplatz für den Vieh- und Pferdehandel, und gilt heute als Mittelpunkt der Altstadt. Hinter farbenfrohen Fassaden finden sich Pubs und Lädchen für jeden Geschmack.

Unten:
Wo es an Grundfläche mangelt, muss man die Behausungen aufeinander stapeln. Altstadthäuser mit Außentreppen in Edinburgh.

Oben:
Blick nach unten auf den West Bow und die Victoria Street in der Altstadt von Edinburgh. Typisch dafür sind die Closes, kleine Gassen, die verwinkelt und häufig mit vielen Treppen von der Royal Mile nach Süden und Norden abfallen.

Links:
Spirituosengeschäft an der High Street. – Die Royal Mile in Edinburgh besteht aus den Straßen Canongate, High Street und Castlehill und hat tatsächlich die Länge einer (schottischen) Meile, rund 1,8 Kilometer.

Oben:
Glasgow ist die größte Stadt Schottlands und die drittgrößte des Vereinigten Königreichs. Die Säule in der Mitte des George Square vor den City Chambers, dem Rathaus der Stadt, trägt eine Statue Sir Walter Scotts. Die Skulptur auf dem Sockel in der Bildmitte stellt Robert Burns dar.

Rechts:
Seitenstraße entlang der Gallery of Modern Art, kurz „GoMA", in Glasgow. Sie ist die meistbesuchte Galerie moderner Kunst in Schottland. Unter demselben Dach ist auch die Stadtbibliothek untergebracht.

Oben:
Die Gallery of Modern Art
in Glasgow befindet sich
seit 1996 in diesem 1778
errichteten klassizisti-
schen Gebäude am Royal
Exchange Square. Davor
steht ein Reiterstandbild
des Herzogs von Welling-
ton aus dem Jahr 1844.

Links:
Die Argyll Arcade ist eine
überdachte Einkaufs-
passage, die 1827 erbaut
wurde und die Argyle mit
der Buchanan Street
verbindet. Heute sind über
30 Juweliere und Diaman-
tenhändler unter ihrem
Glasdach vereint.

Seite 126/127:
Eilean Donan Castle, auf einem Felsvorsprung im Loch Duich an der Westküste gelegen, wurde im 13. Jahrhundert errichtet, 1719 von den Engländern zerstört und zwischen 1912 und 1932 rekonstruiert.

Rechts:
Loch Ness ist zwar nach Loch Lomond nur der zweitgrößte See Schottlands, aber aufgrund seiner Tiefe von 230 Metern der mit dem größten Wasservolumen. Wegen seines weltbekannten Ungeheuers „Nessie", dessen Existenz weder bewiesen noch widerlegt ist, ist er ein beliebtes Touristenziel.

Unten:
Landschaft am Loch Maree, dem viertgrößten See Schottlands. Als einer der schönsten Seen der Highlands soll er ebenfalls ein Ungeheuer beherbergen, mit dem schwierigen schottisch-gälischen Namen „Muc-sheilche".

Oben:
Glencoe liegt im Nordwesten des Tals (Glen) des Flusses Coe an dessen Mündung in den Loch Leven. Ganz in der Nähe ereignete sich am 13. Februar 1692 das Massaker von Glencoe. Damals sollten auf Befehl von König William II. alle Mitglieder der Clans MacDonald und Henderson vom Clan Campbell umgebracht werden.

Links:
Landschaft bei Knockan Crag, etwa zwanzig Kilometer nördlich von Ullapool. Hier wurde 2005 ein Geopark eröffnet, der die besondere geologische Situation dieses Orts erläutert.

Oben:
Highland Games in Portree, dem Hauptort der Isle of Skye. Brauchtum, Volksmusik und Kraftsport sind bei Highland Games and Gatherings zu erleben – ein buntes Spektakel für Auge und Ohr, für den Nationalstolz und den Fremdenverkehr.

Rechts:
Eine der traditionellen Kraftsport-Disziplinen bei Highland Games – hier in Portree – ist das Schottische Hammerwerfen, „Throwing the Hammer".

Oben:
Beim Highland Dancing, der schottischen Form des Schautanzes, dürfen auch Frauen und Mädchen mitmachen. Auch sie tragen dabei den Kilt, der eigentlich ein Kleidungsstück für Männer ist.

Links:
Starke Männer bei den Highland Games in Fort William. – Auch in Deutschland, Österreich und der Schweiz werden seit einigen Jahren Highland Games abgehalten.

Ganz unten:

Neist Point ist der am weitesten westlich gelegene Punkt auf der Insel Skye. Der Leuchtturm Neist Point Lighthouse nahm seinen

Betrieb am 1. November 1909 auf. Seit 1990 wird er von Edinburgh aus ferngesteuert, und die Wohnung des Wärters privat genutzt.

Die Gearrannan Blackhouses bilden ein kleines Freilichtmuseum in Carloway auf der Isle of Lewis. Blackhouses sind der traditionelle Haustyp in

den Highlands und auf den Hebriden. Sie bestehen aus doppelwandigen Trockenmauern, deren Zwischenraum mit Erde oder Torf verfüllt ist.

Rechts:
Im Nordosten der Insel Skye auf der Halbinsel Trotternish erhebt sich der

Felsenhügel „The Storr" zu 719 Metern Höhe. Der Bereich davor heißt „Sanctuary" (Heiligtum)

und versammelt einige sonderbar geformte Felsnadeln, Überbleibsel früherer Erdrutsche. Die

größte von ihnen, rund fünfzig Meter hoch, heißt „The Old Man of Storr".

REGISTER

100 km

Atlantischer Ozean

Nordsee

Westray
Sanday
Rousay
Sanday
Mainland
Orkney Inseln
Hoy
Kirkwall
South Ronaldsay
Pentland Firth
Duncansby Head
Cape Wrath
Wick

Äußere Hebriden
Stornoway
Isle of Lewis
St. Kilda
North Uist
Ullapool
Tarbat Ness
Moray Firth
Uig
Sgurr Mòr 1110 m
Elgin
Rattray Head
Skye
Brodie Castle
Inverness
South Uist
Beinn Mhòr 620 m
Grantown-on-Spey
SCHOTTLAND
Loch Ness
Ben Macdhui 1.309 m
Aberdeen
Barra
Mallaig
Glengarry Castle
Cairngorms NP
Balmoral Castle
Fort William
Ben Nevis 1.344 m
Rùm
Coll
Grampian Mts.
Montrose
Tiree
Ben More 966 m
Mull
Ben Lawers 1.214 m
Dundee
St. Andrews
Loch Linnhe
Perth
Fife Ness
Loch Lomond & The Trossachs NP
Ben More 1.174 m
Colonsay
Lochgilphead
Stirling
Dunfermline
Firth of Forth
Firth of Lorn
Dumbarton
Glenrothes
Jura
Greenock
Falkirk
Edinburgh
Islay
Paisley
Glasgow
Berwick-upon-Tweed
Motherwell
Mull of Oa
Kintyre
Arran
Kilmarnock
Broad Law 840 m
Melrose Abbey
Ayr
Southern Uplands
The Cheviot 815 m
Giant's Causeway
Merrick 843 m
Dumfries
Cheviot Hills
Northumberland NP
NORD IRLAND
Coleraine
Londonderry
Ballymena
Larne
Stranraer
Cairnholy
Carlisle
Hadrian's Wall
Morpeth
Newcastle upon Tyne
Newtown-abbey
Lough Neagh
Belfast
Newtownards
Mull of Galloway
Cross Fell 893 m
Sunderland
Omagh
Lower L. Erne
Lisburn
Stockton-on-Tees
Hartlepool
North Channel
Penrith
Darlington
Middlesbrough
Enniskillen
Armagh
Downpatrick
Scafell Pike 977 m
North-allerton
North York Moors NP
Newry
Dundrum Castle
Isle of Man
Lake District NP
Yorkshire Dales NP
Scarborough
Mourne Mts. 852 m
Douglas
Barrow-in-Furness
Pennines
GROSS-
Morecambe Bay
Morecambe
Harrogate
Flamborough Head
BRITANNIEN
Irish Sea
Blackpool
Bradford
York
Kingston upon Hull
Preston
Leeds
IRLAND
Blackburn
Huddersfield
Spurn Head
Dublin
Bolton
Grimsby
Humber
Liverpool
St. Helens
Manchester
Rotherham
Isle of Anglesey
Conwy
Birkenhead
Kinder Scout 636 m
Sheffield
Lincoln
Caernarfon Bay
Chester
Chesterfield
Boston
Snowdon 1.085 m
Stoke-on-Trent
Mansfield
The Wash
Cromer
Snowdonia NP
Derby
Nottingham
King's Lynn
Llyn
ENGLAND
Norwich
Great Yarmouth
Powis Castle
Shrewsbury
Burton upon Trent
Penygadair 893 m
Telford
Leicester
Peterborough
Lowestoft
WALES
Wolverhampton
Cambridge
Cardigan Bay
Dudley
Birmingham
Ipswich
Cambrian Mts.
Kidderminster
Warwick Castle
Coventry
Ely Cathedral
Aberaeron
Llandrindod Wells
Worcester
Northampton
Bedford
Colchester
Blenheim Palace
Milton-Keynes
Luton
Harlow
Pembrokeshire Coast NP
Brecon Beacons NP
Pen y Fan 886 m
Gloucester
Oxford
Aylesbury
Chelmsford
St. David's Head
Haverford-west
Merthyr Tydfil
Tintern Abbey
Newport
Cotswold Hills
Swindon
Watford
Slough
Basildon
Chiltern Hills
LONDON
Southend-on-Sea
Swansea
Cardiff
Bristol
Reading
Windsor
Tower Westminster
Margate
St. Govan's Head
Weston-super-Mare
Bath
Avebury Stones
North Downs
Canterbury
Thames
Basingstoke
Woking
Maidstone
Celtic Sea
Bristol Channel
Stonehenge
Crawley
Bodiam Castle
Folkestone
Exmoor NP
Exmoor
Eastleigh
South Downs
Dungeness
Hartland Point
Taunton
Southampton
Portsmouth
Brighton
Hastings
Straße von Dover
Bournemouth
Worthing
Eastbourne
Dartmoor NP
Exeter
Dorchester
Poole
Isle of Wight
Liskeard
Dartmoor
Lyme Bay
Weymouth
Cornwall
Truro
Plymouth
Torquay
Land's End
Start Point
Ärmelkanal
Isles of Scilly
Lizard Point

FRANK-REICH

Ladentür in Inveraray am Ufer des Meeresarms Loch Fyne. Wer beim Angeln kein Glück hatte, braucht trotzdem nicht mit leeren Händen nach Hause zu kommen…

Impressum

Buchgestaltung
Matthias Kneusslin
www.hoyerdesign.de

Karte
Fischer Kartografie, Aichach

Alle Rechte vorbehalten

Printed in Italy
Repro: Artilitho snc, Lavis-Trento, Italien
www.artilitho.com
Druck und Verarbeitung: Grafiche Stella srl, Verona, Italien
© 2. Auflage 2016 Verlagshaus Würzburg GmbH & Co. KG
© Fotos: Tina und Horst Herzig
© Texte: Georg Schwikart

ISBN 978-3-8003-4204-4

Bildnachweis
Alle Bilder von Tina und Horst Herzig mit Ausnahme von:
S. 54 unten: Ha17/Wikipedia; S. 55 rechts Mitte: matt-buck/Wikipedia; S. 55 rechts unten: National Archives/Wikipedia/195768; S. 91 rechts, 1. Bild von oben: Krimidoedel Dr. Jost Hindersmann/Wikipedia; Seite 91 rechts, 2. Bild von oben: TimDuncan/Wikipedia; Seite 91 rechts, 3. Bild von oben: Bundesarchiv, Bild 102-13109/CC-BY-SA; S. 91 rechts unten: Archiv des Verlages.
Karl-Heinz Raach: S. 106/107.

Unser gesamtes Programm finden Sie unter:
www.verlagshaus.com